美感京都

李清志的京都美學

Remembrance of things past in Kyoto

李清志 文字 攝影

目錄

三、禪意的京都

四、愛戀的京都

八、鐵道的京都

九、街巷的京都

十、異型的京都

推薦序

看見一個面貌多樣的千年古都

朱全斌
作家、台灣藝術大學傳播學院教授兼院長

如果說京都是台灣文化人最喜歡去的城市，應該不誇張，周圍有太多朋友去過京都，而且至少都去過兩次，一次看春櫻，一次看紅葉，如朝聖一般缺一不可。

台灣出版有關京都的書籍其數目之多，也少有城市可以望其項背，這不但可以表示這個千年古都受歡迎的程度，也可以代表其複雜性，怎麼談都不嫌多。但是，像李清志這本談京都的書面向如此之廣，觸角如此之深，情感如此之動人的還真少見。

清志的本業是個建築學者，在教書之餘，一向筆耕甚勤，已經出版與專業相關書籍數十本。但是我知道他的興趣相當廣泛，除了經常出國旅遊，也對城市學很有研究，他敢以都市偵探自居，就是因為他總是不厭其煩地行走於巷弄之中，發現一般人不知道的秘境，以及特殊的身世。

在他偵探式的敏銳觀察下，我們透過他的書寫看見的是一個面貌多樣的京都，裡面有一般人比較熟悉的詩意的、禪意的、愛戀的、街巷的部分，也有屬於作者特殊興趣的近江的、閱讀的、鐵道的、秘境的部分，而尤其難得的是因為清志的建築專業，我們還可以在異形的、科幻的章節中看見京都如何努力引進當代思維，不讓她成為一個死氣沉沉的古蹟城市。

此外，記憶的京都更是本書最動人的篇章，原來清志的父親曾經在十四歲的少年時期就曾到京都求學，卻在七十七歲受邀回去參加同學會時猶豫不決。一九三七年的京都，跟今日相比，舊的事物並沒有消失很多，是否父親曾經有什麼刻骨銘心的往事不願意去面對呢？

因為父親向來沉默寡言，個性孤僻，對父親這段成長歷史很陌生的清志，一直認為是隻身在外孤單的求學生涯造成了父親如此性格，因此慫恿著父親回去，希望藉此印證自己的想像，結果發現回到京都的父親整個人好像年輕起來，不但變得比較多話，臉上也露出了少年青春的笑容。

一個暌違六十幾年，而過去景物仍然清晰可辨的地方，恐怕除了京都也不多了，父親帶著大家去參觀經過半個世紀也沒變的大學校園，還有尋訪當年租屋住宿的所在，以及食堂餐廳，令人驚訝的是居然都還完好如初，甚至還認出了店家當年漂亮的「看板娘」，時光在這個千年古都好像停格了。

此時，作者已經來京都旅行好幾回，因此，這回他跟隨著父親的腳步，除了盤點父親年少的記憶，也同時累積著自己的，他發現在這次的家族旅行中，父子兩人的記憶地圖重疊在一起了。這是非常動人的描寫，也點出了京都的價值。

像台灣這麼不尊重歷史的地方，不要說我們上一輩要去尋找年少時的景物不易，就是自己中學以前的記憶，都很難再去比對了。我跟作者一樣，也有個不愛說話的父親，我只聽過他小學在江西贛縣必須每天跋涉三個小時去上學的故事，我對他性格的養成原因跟清志有著類似的想像，然而，父親在八十歲時曾經重返故鄉，卻什麼也找不回來了。

除了都市偵探，清志還是咖啡館達人，他在網路上的「台北咖啡館研究」粉絲專頁是我經常造訪的心靈補給站。雖然在本書中他沒有特別闢一個篇章來談京都的咖啡館，但其實不是遺漏，而是它們遍及在全書各處，像是百年町屋裡的GOSPEL、廢棄小學裡的Travelling Coffee、嵐山的SAGANOYO澡堂咖啡、鋪了榻榻米的星巴克（二寧阪彌榮茶屋店）、老建築地窖裡的CAFÉ INDÉPENDANTS等，不勝枚舉，像我這樣一個也好此道的咖啡館痴，真想立刻飛去按圖索驥一番。

對京都無所不包的此書卻獨獨對京都的吃輕描淡寫，清志說京都人強調樸實的價值，重精神勝於物質的口腹之欲，我雖然認同，但是我每次跟韓良露去京都，吃絕對是主角，因為如何吃得輕、淡、隱、慢，其中也是大有學問，或許他是謙讓，要留一點空間給老友寫的《露水京都》吧。

推薦序

如畫的生命景致

阮慶岳
建築師、作家

我去過京都的次數不多，許多地方與事情的來龍去脈，都還十分的不清楚，但是有幸的和李清志同行過一次，那是在實踐大學建築系時的暑假師生日本團。旅程的安排當然是由對於日本的建築、文化與特殊神秘景點，已經如逛後花園般熟稔的清志負責，我就是輕鬆地隨著安排四下看著。

那次旅行特別覺得清志在旅行時的氣閒神定。他總是衣裝正式也完整的出現，以優雅的紳士姿態，不疾不徐地走看眼前的一切。顯得有些不經意的舉止間，卻似乎沒有事情可以逃出他敏銳的觀察之外，對於大小的各樣事情細節，也都能娓娓生動地道出來，讓人覺得尤其佩服，也明白所謂都市建築偵探之名號，果然不是憑空得來的。

我記得有一晚在旅館門口撞見要外出的他，他說正要去私下找尋一個神秘的安藤忠雄作品，問我有沒有興趣一起參加，我當然立刻化身成偵探助手，隨著他同行出發。一路上，他並沒有解釋太多細節，就安靜地穿走入街巷間，很堅定地朝著他要去的目標前進。

最後停在某巷道的一排屋子前，他來回踱步地審視著那幾棟屋子，然後說：「沒錯，進去吧，就是這裡。」原來這是安藤忠雄早期設計的一間小酒吧，幾乎沒有人聽聞知道，也早已經易主經營過，因此設計也有些變動。我和清志就比鄰坐在狹窄空間的吧台上，邊喝著調酒、邊瀏覽這件空間作品，然後聽他與店員詢問一些資訊，就安靜地返回旅館去了。

整個過程平靜無波，全團師生都不知我們已經完成了一件作品的探訪任務，也讓我更明白都市建築偵探的工作，原來是像職業殺手一樣的冷靜與準確的啊！

這次見到清志這本以京都為本的新書出版，依舊有著他一貫書寫時的舒緩與自在，所有對於建築或事物的鋪陳與細節，都細膩也完整地展列出來，會讓人恍如正在和悅的春日裡，行走於如畫般的京都景致裡。

絕對是一本可以書中遊的賞心閱讀書。

比較讓我驚訝也意外的，是清志在書中提到他父親青少年時，曾經獨自來到京都就讀的這段典故。其中提及兩人間並不多語的傳統父子關係，以及終於能夠相偕共訪京都的事實，都十分撼動我的想像與心情。

我與清志在實踐大學建築系共事的幾年，我們的座位一直都是被安排著面面相對的。我這樣幾年看著既顯得成熟穩重、也時時流露著未泯童心的他，逐漸覺得開始可以了解似乎奇異擺盪在對美國文化與日本文化的雙重興趣上的清志，其實一切也許都與他父親神奇的一生經歷有關。

清志寫父親的那段文字，十分的溫暖感人，是我少見他對於情感與私經驗的流露。我相信他所深愛的京都，正是他情感與生命的特殊交逢點，相信也必將是他繼續探索日本建築文化，以及梳理自身成長歷程的雙重行旅時，不可或缺與必然展現的十字路口。

這樣的書寫不容易，也因此更是令人期待與讚賞！

推薦序

大叔的京都光澤

詹偉雄
文化評論人

清志老師寫京都，一定有咖啡與甜點，也一定有童心未泯的機器人建築，再穿插各種街巷野談，構成一種探索的氛圍，這是他「都市偵探」別號的由來，不容懷疑。

奇特的是，這次他還寫了很多櫻花、人情與水文。當然，這些都還是交織在他對建築的書寫中，組合成一種人為空間和自然意境的辯證、一類有限時間和無盡歲月的拔河，這是獨特的趣味，和尋常京都遊記不同。他也在最前頭就寫了：旅行京都，難以不去想像父親十四歲旅次京都就學的情景，這使他時時預備著兩副眼鏡凝視眼前事物，一轉眼或回神間，對建物與街巷的歷史考究甩掉了書卷氣，家族叨絮的溫暖卻躍然紙上。

書中他說：來京都最好降低欲望，包括物欲和食欲。這其實是要和他好好argue的，套用羅蘭．巴特對「欲望」的二分：尋常欲望的滿足叫做「快感」（plaisir），刻骨銘心經驗的體驗叫做「狂喜」（jouissance），從某個角度看來，表面淡泊的京都，精神世界裡其實有著高張力的無盡拉扯，由動到靜，由靜而動，器物與食物因而無一不充滿內在風雲，嘖嘖好奇者如我們如何得以無欲？但我確實也同意清志老師所言：來京都尋求一般旅行的「快感」，未免太浪費時光也荒廢山水，步行是最佳移動策略，靜謐是必要起居思維，如此才能讓生命走入京都，讓京都穿過你的生命。

這是大叔的京都遊記，是五十好幾與一千多歲的糾葛，大叔寫的京都是永遠不膩的，因為大歷史裡的小時間切片，恆常帶著不同的光澤，每一位大叔寫的京都遊記，都是不一樣的京都，這是京都深邃之處，也是時間給大叔的恩賜。

推薦序

以不疾不徐的步伐陪著你走京都

張維中
旅日作家

李清志老師擁有豐厚的建築美學知識，已是眾所皆知。而閱讀他的文字，常感受到他嫻熟於中國詩詞，並深受日本美學的刺激，是少見的類型旅記書寫。

這些年來我因為工作也多次往返京都。讀著《美感京都：李清志的京都美學》時，常有心有戚戚焉之感，也不時有過去忽略的新發現。和老師一樣，這幾年去京都也特別鍾愛京都的高瀨川與三条通。走在這些地方，感受動靜之間的和洋交融，古意與現代的對照，再次感受到京都的魅力，即使不靠寺廟古蹟，其實也自有一番不可替代的風韻。

與過去幾本老師的著作最大的不同，是這本書觸及了他的父親。兩張記憶地圖就此疊合，京都，為一對父子，創造了一個超越時空的平台。在爬梳父親的青春往事之際，李清志老師彷彿重新摸索、確認了一回，父子之間情感的牽繫。

一直關注著李清志老師的臉書和著作，很喜歡在他優雅的筆調中，跟隨著他踏上各地的建築巡禮。這本新書，風格依然維持著老師一貫安穩靜好的氣質，在每一個字句中，串連起不疾不徐的步伐，彷彿陪在讀者的身邊走，領著我們穿梭在京都的巷弄裡。聽他解讀建築的背景、城市的文化與歷史；聽他絮語那些人事物景，流轉在時光中的秘密。

自序

領略古都的美感氛圍

無論是房子、星星和沙漠，是因為藏有某種看不見的東西，才使他們看起來這麼美！——《小王子》

京都是很多人的心靈故鄉！

京都吸引人的地方，不是物質的，不是口欲的，而是一種精神性的美好！這也是這本書想要告訴大家的重點。

我承認我很愛京都，我很愛京都的氣質，很愛京都帶給人的寧靜與祥和。書寫這本書的過程，我其實是很享受的！因為我可以一一檢視京都的美好，以及我喜愛京都的理由。

這本書以我對京都的感覺來陳述，包括詩意的京都、禪意的京都、愛戀的京都、鐵道的京都等等，這些感覺基本上就是京都吸引人的地方，也是京都美感的特色所在，但是我也在科幻的京都、異型的京都等篇章，呈現了京都另類的美感，解構了人們對於京都的制式印象。

在這本書中，我特別著墨於探討茶屋、枯山水、櫻花等京都空間元素，這些京都常見的事物，都強調精神上的美感滿足，而不是為了物質上的口腹之欲；如果只是帶著想到京都吃美食或shopping的欲望而去京都，事實上，並不會體會到京都真正迷人的精髓。

有趣的是，當你真正領略到京都精神上的美感，你可能會從此愛上京都，恨不得每年都飛去看她；櫻花盛開時會提醒你、秋天楓紅時也會提醒你，你會像著了魔似地，想要趕快投向京都的懷抱。

寫京都對我來說，不是一件容易的事，京都是我記憶中非常糾結複雜的一座城市，要書寫京都，我必須先解開家族記憶中許多未知的疑團，這也是為什麼我至今才開始著手寫一本關於京都的專書。

我的父親在一九三七年前往京都念書，他的記憶地圖對我而言是陌生的，也是我很難了解的，半個世紀之後，我才開始前往京都旅行，有了自己的京都記憶地圖，一直到二〇〇〇年，我和父親一起前往京都，他的京都記憶地圖才與我的京都記憶地圖重疊在一起，有了相同的交集部分。

但是每次到京都旅行，我的內心依然存在著某種疑惑與焦慮，總覺得記憶中有些什麼事，必須去探索、尋找；書寫這本書，從某個角度而言，是逼自己沒有辦法逃避，去面對記憶中的京都迷團，然後平靜地去解開它、梳理它，這是我寫這本書的私心目的。

不論如何，這本書除了文字之外，也搭配許多我多年來拍攝的四季圖片，希望可以讓讀者更容易了解京都的美感氛圍；美感與大自然的四季變化是息息相關的，京都的四季節氣變換，讓京都人敏感於大自然的細緻，進而養成敏銳的美感能力。

盼望藉著這本書的閱讀，不論你有沒有去過京都，都可以真正領略到京都的迷人特點，在下次拜訪京都的時候，再一次愛上這座氣質優雅的城市。

一、記憶的京都

Memory in Kyoto 1937

一九三七

我喜歡到京都，是因為被京都的美所吸引？
亦或是被父親的神秘少年時期所吸引？
我去京都好像是去觀光旅行，卻又好像是去解謎，
試圖去解開一段我無法了解的京都記憶。

一個台灣少年在京都

父親對我而言一直是神秘的，我必須解開拼圖，而拼圖的一部分就是京都。

昭和十二年（一九三七）那年我的父親十四歲，剛念完兩年台南的長榮中學，便和同窗兩人一起前往京都同志社附屬中學就讀。一個十四歲的少年，雖然在古都台南待過，但是面對這樣一座輝煌的文化城市，心中會有多大的震撼?!我常常在思考這樣的情境，因為我第一次前往京都的年紀已經接近三十，而且也在世界各地奔走過，對於京都的城市印象，雖然有文化歷史上的崇拜，但是終究談不上強烈的心靈震撼。

十四歲的少年，第一次來到千年文化古城京都，內心的波動是可以想見的，這有如是鄉下小孩第一次到紐約曼哈頓，看見大規模的城市建築規劃，摩天大樓的林立，內心的驚奇與興奮；雖然京都並沒有摩天大樓，沒有科幻小說裡穿梭天際的交通工具，但是京都卻有著當年最典雅的文化風情，融合著先進的西洋建築，以及在當時的日本也十分先進的發電、電車系統等設備，這樣一座兼具中西文化歷史科技的城市，根本是那個年代的台灣所有城市所望塵莫及的。

能夠到京都念書，是當年許多台灣青年學子的夢想，家境較為富裕的台灣家族，莫不積極地將兒女送到京都念書。我的父親家境並不富裕，祖父是高雄鹽埕長老教會的創建牧師，作為一個傳道助人的牧師，根本沒有經濟上的餘裕，可以將子女送往國外念書，但是因為整個李氏家族子女幾乎都在京都念書，祖母當年出身台南醫生世家，原本算是富家女，但是竟然愛上窮困的牧師小伙子，據說她一直希望身為長子的父親，可以跟其他家族子弟一般，到京都求學進修，甚至拿出自己的私房錢（？）贊助父親的留學計劃。

不論如何，這樣一個留學計劃終於成行，在長榮中學念了兩年書的父親，與同窗好友一起啓程前往京都。當年台灣人最崇拜的高級學府，當屬京都大學，但是父親為什麼不是去京都大學，而是前往較不為一般台灣人所熟知的同志社大學？一方面當然是因為同志社大學有附屬中學，適合父親這樣的年紀前往就讀；另一方面，同志社大學作為基督教大學，與台灣教會界有較多的來往與關聯性。

留學旅程的開始，是從基隆港出發的，兩個台灣少年懷著忐忑不安，卻又有著些許興奮的心情，搭上前往日本神戶的輪船，輪船在一個日夜之後，終於停靠在北九州的大港門司。門司港是北九州重要的港戶，所有從台灣前往關西地區的船隻，都會在此停靠休息，或是卸貨補給，然後再從關門海峽駛入瀨戶內海。

在門司港的短暫停靠卸貨時刻，少年與同伴上岸透透氣，寒冷的海風吹襲，完全不像台灣南部的炎熱世界，他們找到了一家小小料理店，喝了一碗熱騰騰的味噌湯。根據我父親的描述，那是他喝過最棒的一碗味噌湯。多年後，我幾次前往門司港，期望找到那碗傳說中美味的味噌湯，但是卻遍尋不著！我後來在想，所謂「最棒的味噌湯」，其實是揉合了鄉愁與孤獨的滋味，當你在海上飄蕩多時，終於可以靠岸喝碗熱湯，心中就會產生一種家的安定與溫暖。

門司港也是台灣香蕉輸日的必經停靠站，所有「香蕉船」駛到門司港，都會檢查貨品，把那些已經黃熟的香蕉卸下，先在門司港直接拍賣掉，以免日後運輸過程太熟會爛掉。所以在門司港居然可以吃到許多台灣香蕉，甚至許多熟黃的香蕉被製作成蛋糕甜點等商品販賣。現在到門司港還可以看到「香蕉人」的雕塑，正是當年台灣香蕉的影響。

前往日本的少年，就像是這些台灣香蕉，從青澀一直到成熟，不論在異國漂流多少年，終究是台灣香蕉，終究會想回到自己的故鄉台灣。

船隻駛入瀨戶內海，整個海相顯得平靜而安穩，特別是夜晚的月光，照耀在海面上，波光粼粼，顯得十分美麗！台灣少年被夜晚皎潔的月光驚醒，他靜靜呆望著閃亮銀光的海面，內心充滿著喜悅與平靜。明天上岸後，就將面對一個全新未知的世界，這樣一個夜晚，似乎無法再入睡了！

少年內心縱使有千百個雄心大志，但仍有一絲對家人的牽絆，這一次離家，不知何時才能再回到台灣？（事實上，戰後他從日本前往美國繼續深造，將近三十七歲才真正回到台灣），十四歲的少年在情感上總還是依賴著父母，還有他最疼愛的大妹。我一直覺得少小離家，是造成我父親個性孤僻，不善與人交際來往的最大原因，他只能將他的情感與傷情貫注在學術研究上，孤獨地進行著研究工作。

身為長子的父親，有一種好強與固執，既然決定要去京都求學，背負著家族的期盼，他就會拚了命去完成使命。像那班從神戶開往京都的蒸汽火車，吐著白煙、勇往直前，奔向那座傳說中的千年古城。

遠遠望見五重塔的身影，蒸汽火車終於來到了京都，戰前的京都沒有現在詭異的京都塔，也沒有前衛的京都車站，但是在路上奔跑的路面電車，是前所未見的，京都車站附近宏偉的寺廟佛塔，偶而出現的洋樓建築，也是台灣少見的，對於台灣少年而言，這樣一座歷史文化古城，真的是世界上的偉大城市！一種面對京都的興奮感與好奇心，沖淡了少年心中的恐懼與害怕，內心反倒充溢著一股雄心壯志，希望可以快快見識這座偉大的城市。

同志社大學附屬中學的校園也是另一個令少年興奮的地方！整座學校

基本上就像是歐美的大學校園，到處都是精緻典雅的紅磚造古典建築，有塔樓、教堂、行政中心，所有建築就像是劍橋大學或牛津大學的歌德式校舍，充滿了西方的異國色彩；好像說去日本古都念書，卻進入了哈利波特的魔法學校一般。

同志社大學

位於洛中京都御苑後方的同志社大學是日本最早的一所基督教大學，由教育家新島襄於一八七五年所創立，新島襄是一位傳奇的人物，在日本十分封閉鎖國的年代，幾乎沒有人可以出國留學，但是新島襄卻用偷渡的方式出國，並且成功從函館轉上海，再從上海轉赴美國，最後在麻州念書，也信了基督教。新島襄一直到維新政府時期才回到日本，創立基督教大學，在封閉保守的日本社會，開創出新的天地，同時也播下自由主義教育的種子。

同志社大學是美國公理會教會出資建造的，原本京都這座城市佛寺眾

同志社大學
（今出川校區）

地址：京都市上京区今出川通烏丸東入玄武町601
交通：搭地下鐵烏丸線在「今出川」下車。

同志社大學校園充滿著西方的古典建築，包括彰榮館（左上）、同志社大學禮拜堂（左下），以及克拉克紀念館（右下），都是校園中的歷史建築。

多，佛教勢力龐大，並不希望基督教在此發展，新島襄與京都當局談判許久，最後答應同志社大學不設基督教教義課程，也不在校內傳教，但可以討論基督教文化，以及在校園外的傳教活動。

這所學校許多師資都是學問淵博的美國宣教士，他們不僅懂得《聖經》神學，對於文化藝術、科學護理，甚至建築美學都有深厚學理基礎，整個同志社大學校園建築，就是公理會傳教士Daniel C. Greene所設計，他一面教書，一面設計建造校園建築。一八八六年他建造了日本第一棟正統的紅磚造禮拜堂——同志社禮拜堂，目前已經是京都重要的地標性歷史建築，他隨後有設計建造了彰榮館、有終館、哈里斯理化學館等；克拉克紀念館則由Richard Seel所設計，他後來活躍於橫濱德國人居留地，超越教派的限制，在日本各地設計了許多教堂建築。

剛到京都的台灣少年，就讀同志社大學附屬中學，開學典禮就是在漂亮的同志社大學禮拜堂內舉行，一個個少年們正襟危坐地，在教堂建築中聽演講，開始體會到京都這座城市的文明與開化。新生當時都必須住校，

学校法人
同志社

必須吃學校食堂，每天穿梭在古典建築的校園中，聽著西方宣教士的師長訓誨，在這樣一座西化的校園念書，受到西方文化的薰陶頗深，所以雖然是前往古都念書，但是卻受到西方基督教文化的影響，以至於戰後他會想要遠渡重洋，到另一個異鄉去繼續求學。

後來台灣少年與同鄉同學一起搬到外面租房子住，當時學生們主要是居住在同志社大學與鴨川之間的這片住宅區內，他們合租一間兩層木造住宅的二樓部分，木屋是連棟的，類似街屋的形式，面寬很窄，住在這裡去同志社大學只要十五分鐘左右的步行路程，走賀茂橋越過鴨川，就是京都大學的活動區域。事實上，京都大學與同志社大學都在同一條今出川通上，只是一所是私立大學，一所是公立大學，台灣少年週日也到北白川的教會做禮拜，受到教會朋友們的歡迎與接待，這份情誼一直維繫到他晚年，父親與北白川教會人士都持續有書信的往來與聯絡。

關於台灣少年的京都生活，我其實知道的不多，有些我只能拼揍、只能臆測，我一直想知道許多小事情，比如說父親是否有去過京都大學前的進進堂？他有沒有在秋冬之際，漫步在京都大學農學院的銀杏大道中？我常去那些他可能去過的地方漫步，然後感受一下父親少年時的心情，他會來這裡嗎？他到這裡會是什麼心情？他在京都的少年時光是否會孤單寂寞？是否會想念高雄的陽光與熱浪？

父親生前很少跟我談論他的過去，特別是少年時的京都生活，事實上，他就是一位內向、嚴肅、拘謹的老派父親，他不會滔滔不絕地談論他自己，我們晚輩也從來不敢過問他這些記憶中的種種，所以這一位一九三七年到京都的台灣少年，對我而言，是神秘又陌生的，就像京都這座城市，對我來說，也一直是充滿神秘感的！

我已經搞不清楚，我喜歡到京都，真的是因為被京都的美所吸引？亦或是被父親的神秘少年時期所吸引？我去京都好像是去觀光旅行，卻又好像是去解謎，試圖去解開一段我無法了解的京都記憶。

所以我不僅是去京都旅行，還開始試圖去書寫京都，希望這樣的書寫，可以幫我找到些什麼線索？或是幫助我、治癒我對京都的迷惑，讓我可以不再著魔，可以從京都的迷戀裡走出來！

二、詩意的京都

Poetry in Kyoto

京都是我詩意美學的啓蒙者，
讓我真正感悟到唐宋詩人的心靈。
第一次到京都，在高瀨川看見垂枝櫻的美麗，
我整個人著迷於白色櫻花滿開的絢爛，
若不是來過這裡，或是在這裡居住過，
我可能永遠無法理解詩詞裡的美學意境。

高瀨川的櫻花

對於京都而言，最大最重要的河川當然是鴨川，鴨川之於京都，就好像塞納河之於巴黎、泰晤士河之於倫敦一般；鴨川當然是京都人記憶裡的重要河川，每個暑假京都人喜歡來到鴨川畔納涼談心，先斗町、木屋通上的料亭，都會在靠鴨川邊，架起納涼床，讓大家在夏夜用餐時，享受鴨川之水從山上帶來的涼意。

比起寬闊的鴨川，窄小的高瀨川似乎更令人感到親切可愛！

高瀨川從二条附近引入鴨川的河水，形成一條與鴨川平行的運河，原本就是作為運送貨物的運河，現今運河已失去作用，但是昔日貨運船的荷物場，現在還放置一艘貨船，讓人了解昔日高瀨川的運輸功能。這一帶地區，高瀨川河面寬廣，垂枝櫻也長得茂盛美好，春天櫻花盛開之際，總是能吸引許多人來此賞櫻拍照。

高瀨川這條人工河，如今只是京都市區的小溪流，這樣的溪流如果是

高瀨川

交通：(1)搭阪急電車在「河原町」下車；或搭京阪電車，在「祇園四条」或「清水五条」下車。

(2)搭市營巴士：10、11、12、46、59、201、203、207，在「四条京阪前」下車。

在台灣，早就被丟棄垃圾，排放廢水，搞得烏煙瘴氣，最後以清潔理由加上水泥蓋，眼不見為淨！台北市區的瑠公圳、基隆河士林舊河道，以及士林夜市陽明戲院旁的小溪流，就是這樣的下場，也因此讓台北市的發展失去浪漫的空間特質。

安藤建築的初戀

位於京都高瀨川旁的安藤建築——TIME'S，這座建築是我早年第一次接觸到的安藤建築，卻也是我每次到京都旅行，都會重新去探望的建築老友。從九十年代初期第一次見到這座貌不驚人的安藤建築之後，十多年來，TIME'S建築一直維持著一種安藤建築應有的超凡脫俗，雖然許多建築大師所設計的商業建築，總會在經濟利益的考量下，遭受改變或拆除，但是位於四条河原町鬧區的TIME'S建築卻像是千年古都的一部分般，受到護身符的庇佑，絲毫不受改變。

日本的現代建築改變很大，十年來曾經風靡建築界的前衛作品，竟然有許多已經荒廢或不存在。例如伊東豊雄位於北海道邊僻地區的P-HOTEL早已成為一座廢墟；妹島和世位於岐阜一所媒體藝術學校的多媒體工房建築（一九九六），雖然曾經得獎，因為過於前衛，校方不知如何運用，再加上有漏水、土方崩塌的現象，也遭到停用廢棄的命運；位於京都的建築也逃不過死亡的命運，八十年代高松伸在北山通風光一時，興建了許多個人風格強烈的作品，其中WEEK建築原本是紅色塗裝，後來卻被改成白色外表；而最悽慘的是造型特殊，幾乎就是北山通地標的SYNTAX大樓，這幾年竟然也在房地產利益下，慘遭拆除改建的命運。

在不變的永恆之城——京都裡，TIME'S建築能歷久不變，並非古老陰陽師的護符相伴，而是一位京都老闆娘的用心呵護。村上良子是TIME'S I & II的業主，同時也是安藤TIME'S建築的守護神，這位嚴謹的老闆娘為了守護安藤忠雄的建築，十多年來定期雇工清洗TIME'S建築的圓弧屋頂，甚至為了顧及搭鷹架清洗作業，對整個京都建築景觀造成的傷害，

TIME'S

地址：京都市中京区三条通河原町下ル

TIME'S- Cafe dining avocado Mexican

地址：京都市中京区中島町92 TIME'S大樓1F

電話：075-231-0100

營業時間：午餐 11:30-16:00 Cafe 16:00-17:00 晚餐 17:00-23:00

交通：從京都車站搭京都市營巴士「河原町三条」下車。

特別將清洗維修工作集中在深夜進行，天亮前完成工作並拆除鷹架。之所以如此努力維護安藤TIME'S建築，是因為良子小姐不願意讓那些遠從義大利、巴黎、德國、美國、韓國、台灣等地的安藤忠雄建築迷失望。

有這樣盡心維護建築的好業主，相信是台灣建築師們所夢寐以求的。在台灣，幾乎沒有一位建築師所創造的建築被如此體貼地呵護著，所有建築師辛苦設計建造的建築藝術品，經常是完工交屋後就被殘酷地敲打分屍改造，完全無視建築師創作的苦心；而那些商業鬧區的建築，更常被商業招牌或俗豔的裝飾所遮蔽，過著見不得天日的悽慘生活。

安藤忠雄何其有幸，在京都這座古都裡，遇見如此一位建築知音。

記憶中，第一次來到高瀨川旁的TIME'S建築，櫻花只差一夜的猶豫，還未盛開；依稀寒冷的空氣中，透著一股莫名期待我第一次見到TIME'S建築，驚訝於它與水流的關係是如此親近；這裡的空間是沒有敵意的，是和悅地邀請你去親近溪流。

的興奮。一九八〇年安藤忠雄剛接下這座設計案時，還是個名不見經傳的小建築師，學生時期曾經在京都、奈良所做的研究工作，如今終於可以學以致用。高瀨川早期是引鴨川水所形成的運河，這條小溪流讓安藤忠雄聯想到整個京都疏水系統的大工程；從琵琶湖引水到京都的確是個現代化的大工程，原本安藤忠雄也希望在設計中將高瀨川的水引入建築之中，無奈政府單位認為，高瀨川是一級河流，受河川法保護，不能隨意引為私人建築之用，建築師也只好作罷。

安藤忠雄之所以希望將河水引入建築，其實是受到東方園林思想的影響，在東方傳統園林設計中，就經常引河水進入園林，以利打造假山河湖等造景。園林設計基本上是以人工的手段，去重現濃縮後的自然景觀；他在其建築中也一直希望與大自然維持著某種關連性，在城市混亂的環境中，他就在自己的建築裡創造自然意境；在鄰近大自然的環境裡，他則試圖向自然開放，與大自然融為一體。

我第一次見到TIME'S建築，驚訝於它與水流的關係是如此親近，底層

餐廳的戶外平台與潺潺的溪水間沒有任何隔絕，光著腳可以直接踏進冰冷的溪水中，這和台灣地區公共空間動輒在池塘、溪流旁加裝不鏽鋼欄杆，以及警告標誌的唐突舉動截然不同；這裡的空間是沒有敵意的，是和悅地邀請你去親近溪流。雖然高瀨川是如此細小，水深也不過十公分左右，就因為溪流是如此纖細，我們更要彎腰屈膝地去接近它。底層的餐廳在戶外平台設置有餐桌，供客人在水邊進餐，夜色中，餐廳也只是在水邊放置圓形小蠟燭，標示水與陸地的界線，這些

做法都令人十分愉悅。

沿著高瀨川的餐廳，大多是把餐廳背面朝向高瀨川，唯獨TIME'S建築是將正面迎向高瀨川，迎向自然的溪流與樹木。以後幾年春天去京都旅行，還是會到高瀨川遊走，只見溪旁成排的櫻花怒放，粉嫩盛開的花苞嬌豔動人，挑動城市居民內心深處的浪漫；灑落的白色花瓣，在溪水中悠悠漂浮，猶如雲門的舞者般躍動人心。春天的京都市區，高瀨川雖然只是一條小小的溪流，卻帶來極大的浪漫效果。

高瀨川旁除了櫻花樹盛開之外，青翠的柳樹也隨風搖曳，橫跨高瀨川的橋梁上，情侶們佇立閒談，我滿心歡喜地坐在底層餐廳享用地中海美食，這間餐廳似乎也感受到大師建築的力量，刻意使用建築大師柯比意的椅子，牆上掛的則是蒙德里安的畫作；餐廳最好的位子不在餐廳內，而是在靠近溪水旁的平台，在此用餐不僅可以親近春天，同時也成為高瀨川旁遊人羨慕眼光的焦點。

不知從何時起，TIME'S建築成為我在京都最有感情的建築，每次的京都旅行，我都會不由自主地來到這裡，探望這個建築老友；或許對我而言，現代手法的TIME'S建築就像金閣寺、龍安寺或天龍寺等世界遺產，是京都重要的建築資產；盼望在這個千年古城內，安藤忠雄的現代建築也能真正蛻變成京都不變的恆常風景，成為京都不可或缺的一部分。

詩意美學的塑造

我必須承認，京都是我詩意美學的啓蒙者，京都的美，讓我真正感悟到唐宋詩人的心靈。第一次到京都，在高瀨川看見垂枝櫻的美麗，我整個人著迷於白色櫻花滿開的絢爛，春風吹起，櫻花花瓣就如雪片般飄零，霎時我感覺時間似乎暫停，然後我突然想起蘇軾的〈東闌梨花〉：

梨花淡白柳深青，柳絮飛時花滿城。
惆悵東闌一株雪，人生看得幾清明。

京都春天的情景，事實上跟蘇軾的宋朝是相同的，卻是我在台灣從未感受到的，宋朝的情境居然在日本京都重現，真可謂是「禮失求諸野」。事實上，在建築的表現上，京都素雅的古老建築比起台灣花俏俗豔的廟宇，更接近唐朝的建築狀態。同樣是清明時節，同樣是白花滿城，唯一不同的是，京都的櫻花與長安城的梨花，不過這樣的情景已經足以讓我感受到詩人的眼睛所見，以及心靈所感。

特別是「惆悵東闌一株雪，人生看得幾清明」，在多年的京都賞櫻經驗中，深切感受到人生的無常與無法掌握，每年的櫻花綻放時程都不同，但是去京都的機票常常需要半年前就預訂，沒有人知道明年的櫻花幾時綻開？有時候天氣暖和，三月下旬就開放，有時候稍微寒冷一些，就必須等到四月初。

我曾經等待京都櫻花的綻開，等待到心灰意冷，那種感覺猶如等待情人的善意回應，焦急與不安，雖然知道櫻花終究要綻放，但是花開時或許我已不在她身邊。有一次春天天氣冷峭，我等待著高瀨川的櫻花綻放，卻久久不見花開，我離開京都的前一晚，櫻花依然含苞，直到第二天我含恨離開，上了飛機，才聽說櫻花終於綻放！

因為「人生看得幾清明」，所以我格外珍惜每次到京都看櫻花的機會，有時候與家人同去賞櫻花，有時候與友人們前往共遊，每一次看到櫻花都充滿感恩！因為看見櫻花的機會不多，與親人、朋友同享櫻花美景的機會更不多！

我第一次感覺到自己了解詩人的心境，雖然從中學開始就在背誦詩詞，為了考試背得滾瓜爛熟，甚至連詩詞旁的註釋都要背誦，在中學教育裡，詩詞不是美的事物，只是考試的素材；朗讀詩詞不是美學教育，只是為了得到高分。

我真的懷疑有多少人在中學朗誦詩詞時，真正體會其中意境？有多少老師會真正引導學生去體會詩詞中的情境，讓學生們可以更容易了解詩詞的內容？

我想起以前羅賓・威廉斯主演的電影《死詩人詩社》（Dead Poet

Society）（台譯：春風化雨），教英國文學的老師厭惡學校課程只是死背考試，無法讓學生體會詩詞的美感，因此第一堂課就要學生將課本撕掉，然後帶學生出去朗讀詩句，甚至摸黑夜遊，只為了解詩人寫詩的心境。

升學主義的確害死人，抹殺了文學的美意，忘記了學習的意義，並不是為了考高分，而是為了更多體驗、探索人生，尋找生命的意義。羅賓・威廉斯在電影中有句台詞說：

不管別人怎麼說，語言和想像的確能改變世界。

（No matter what anybody tells you, words and ideas can change the world.）

然後他繼續說：

我們讀詩寫詩，並非因為詩很可愛。

我們讀詩寫詩，是因為我們是人類的一員，

人類是充滿熱情的。

(We don't read and write poetry because it's cute.
We read and write poetry because we are members of the human race.
And the human race is filled with passion.)

醫藥、法律、商業、工程，這些都是高貴的理想，並且是維生的必需條件。但是詩、美、浪漫、愛，這些才是我們生存的原因。

(Medicine, law, business, engineering, these are noble pursuits and necessary to sustain life. But poetry, beauty, romance, love, these are what we stay alive for.)

京都讓我體會詩的真實與美感，讓我感受到詩詞的存在意義。

我想京都就是這樣一座詩意的城市，若不是來過這裡，或是在這裡居住過，我可能永遠無法理解詩詞裡的美學意境，這樣的城市也讓人興起了寫詩與讀詩的欲望，讓人開始懂得享受詩詞的美好。

京都是美學救贖的城市，我那些被升學主義、國文考試荼毒摧殘的詩詞美學，那些麻痹無知的美感官能，在京都這樣一座詩意的城市裡，竟然都被救贖療癒了。

在水中游移的efish Café

沿著高瀨川南行，一路上櫻花嬌豔動人，溪畔的餐廳商家也多熱鬧喧譁，這種繁華景象一直要到過了五条大通之後，才整個安靜下來。在這裡，高瀨川逐漸與鴨川靠近，而efish café就位於中間一小塊地上，很難找到這麼奇妙的咖啡店，前面是小溪，後面則是寬闊的鴨川。在這裡已經感受不到京都作為旅遊城市的混亂與俗豔，有的只是溪水滌淨後的清幽及空靈。

據說咖啡店之所以稱為efish，是因為靠近五条通旁，e正是英文字母第五個字；而這附近昔日的花街都會在門口，擺個養著金魚的魚缸，因此就把店名稱為efish。有趣的是，招牌上畫著一隻黑貓，想著要吃魚，似乎

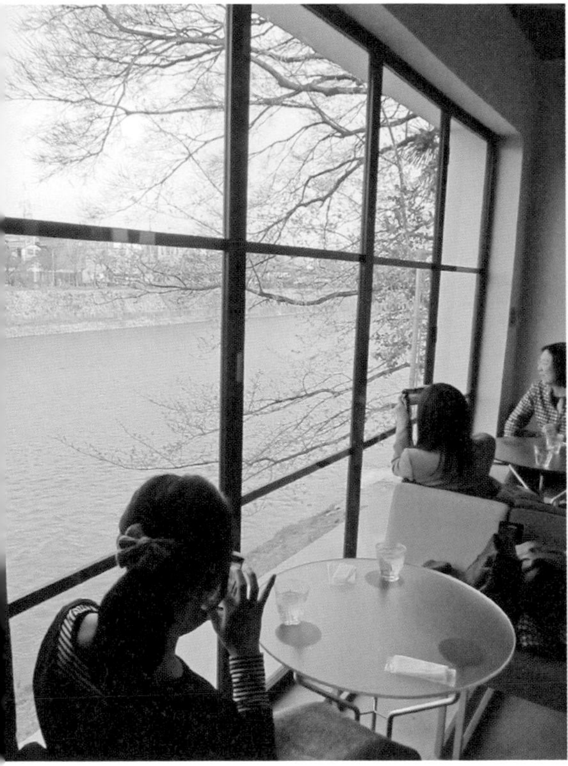

efish

暗喻著「efish」其實就是「eat fish」。

efish café改自於一棟三層樓的房屋，一、二樓是咖啡店及pub，三樓則為設計工作室，店主人其實是有名的工業設計師西堀晉先生，店內的大小事物，燈飾、沙發、杯盤、碗碟多出自他的設計，其中最有名的是水花濺起的spaspa煙灰缸；牆上陳列許多他設計的產品，讓喜愛者可以購買回家。

大部分的顧客，總是安安靜靜地，坐在靠窗的位子邊，望著鴨川的流水，內心默想著。對於喜歡稍微熱鬧一點的顧客，可以到二樓，猶如居酒屋般的吧台，在這裡有現做的下酒菜，可以跟親切的吧台小姐聊天，是上年紀的顧客喜愛流連的地方。

鴨川與高瀨川是京都最浪漫的兩條河流，這兩條河流，一條是天然的河川，一條則是人工開挖的運河，京都的人們在這兩條河川畔，賞櫻、漫步、沉思，營造古都的文學浪漫氛圍。efish咖啡館何其有幸，好像一條魚優遊其間，獨享兩條最重要的河川；在這裡京都的沉靜與浪漫，都是加

efish Café

地址：京都市下京区木屋町通り五条下ル西橋詰町798-1
電話：075-361-3069
營業時間：10:00-22:00
交通：從京都車站搭京都市營巴士17、205號到「河原町五条」下車。

倍的！

櫻花喫煙所

日本社會對於健康環保議題十分看重，唯獨對於吸煙這件事，還是很難禁絕，這些年來，雖然努力在推行公共場所禁煙政策，甚至推出「步行者喫煙禁止」的策略，但是對於吸煙者，基本上，依然十分寬容，也十分人性化地在都市各個角落設置「喫煙所」，讓癮君子可以一解煙癮。

我在春天櫻花盛開之際，來到京都古城，燦爛的櫻花漫天，令人十分陶醉！我順著高瀨川南下，整個人陷在一種天堂異境般的美妙氛圍裡，為著這座城市的美麗，內心生羨！忽然我在櫻花花瓣的空隙間，窺見了一幕神奇的影像。

一群人聚集坐在河畔，眼神迷茫地，吐納著煙霧，瞬間我以為我偷窺了某種天堂的一角；所謂的喫煙是「快樂似神仙」，大概就是這種情境

ソワレ

吧！雖然我是不抽煙的人，但是我好羨慕他們身處於雙重的天堂之間，一個是自創的天堂，是由煙草與煙霧交織而成的奇幻異境；一個則是自然的天堂，有夢幻般的櫻花盛景！

許多人有一種誤解，以為哲學家一定都抽煙，還不只是抽一般煙，而是「抽煙斗」，因為從許多哲學家的照片來看，幾乎都是抽著煙斗的造型，像羅素（Bertrand Russell）、存在主義教父沙特（Jean-Paul Sartre）、解構主義哲學家德希達（Jacques Derrida）等人都是如此，以至於有人以為抽煙斗有助於思考？其實我認為其原因不是煙的本身，而是抽煙這段緩慢下來的時間。

我知道許多吸煙者在吞雲吐霧之際，不單單只是放空而已，事實上，他們藉著吸煙，給自己一個安靜的空檔；就好像喝咖啡的人，許多時候並不是那麼喜歡喝咖啡，只是藉著喝咖啡給自己一點安靜的時空；吸煙時的安靜時刻，給自己難得的時間可以沉澱下來，好好思索自己在忙碌什麼，而櫻花樹下的安靜沉思，更容易讓人思索人生的哲理。櫻花與吸煙之間，也有些共通之處，櫻花雖然燦爛，卻很短暫；吸煙也是短暫的，但是在癮君子的感覺中，短暫的燃燒，卻帶來某種燦爛！哲學大師西田幾多郎在櫻花樹下領悟人生哲理，同樣地，在櫻花樹下吸煙沉思，應該也可以領悟出一些道理吧！

我必須承認在禁煙的風潮下，許多癮君子被趕到大樓角落、後巷，或酷熱的冷氣房外，辛苦地吞吐著煙霧；雖然讓別人吸二手煙是不道德的，但是虐待癮君子也不是件人道的事。日本畢竟是設計大國，他們也為癮君子設計了許多舒適的喫煙所，不過京都高瀨川畔的這座櫻花喫煙所，大概是所有喫煙所中最富詩意且兼具自然幽情的空間吧！

三、

禪意的京都

Zen in Kyoto

禪學家鈴木大拙說：

「禪與茶道的相通之處，在於對事物的純化。」

我建議去京都旅行的人，

減低你的欲望，包括食欲以及購物欲，

用單純樸實的心靈，去體會京都的種種，

你才可能真正地靜心清寂地，觸摸到京都的心靈。

龍安寺的
方丈庭園與枯山水

關於京都的庭園，人們總是會想到枯山水，早年日式庭園其實是沿襲中國庭園的做法，採用迴遊式的設計，而且有假山、大池等設計，但是因為許多寺廟水源取得不易，因此產生了所謂的「枯山水」，以白色砂石鋪陳，取代真實的水池，是一種精神上的想像意境。我並不認為所有的枯山水都是因為缺乏水源而產生，事實上，依照禪宗的思維，這些都是一種精神上的操練。

以懷石料理為例，我們都認為古代的僧人因為沒食物吃，所以在懷中揣石，以減緩飢餓的感覺，其實這是一種精神上的操練與修行。禪宗講求頓悟，懷石料理讓人經驗缺乏與飢餓，學習如何在缺乏中體會困苦，從而珍惜平日食物的擁有。當然後來也發展成，對物質食物的刻意簡化，進而專注在精神面的豐富與滿足。

龍安寺的方丈庭園

地址：京都市右京区龍安寺御陵下町13
電話：075-463-2216
營業時間：3/1至11/30 8:00-17:00，12/1至2月底8:30-16:30
交通：乘搭京都市營公車、京都公車、JR公車，或搭京福電鐵可在「龍安寺前」下車。

龍安寺的方丈庭園不是京都最大的枯山水庭園，但卻是最有名、最具特色的枯山水庭園，古老圍牆框出的庭園空間，白色砂石鋪滿的地面，上面布置了十五顆石頭，沒有石燈籠、也沒有石橋，完全是抽象的呈現，以至於人們在其中很容易陷入想像的境界，想像出瀨戶內海，或是蓬萊仙島的情景。

這樣一座簡單純淨的枯山水庭園，的確很容易把人帶入安靜冥想的境界。許多人來到這裡，原本喧鬧混亂的心思意念，很快就會沉澱下來，連那些粗俗的外國觀光客，到這裡也會裝模作樣地安靜沉思。大家排排坐，望著方丈庭園，希望悟出什麼道理？枯山水其實就是一座道場，而道場的原意其實是「悟之地」，是人們可以在此參悟人生的地方。

我最喜歡坐在方丈庭園旁，戴上耳機，播放馬友友的〈巴哈無伴奏大提琴組曲〉，為這個充滿禪意的場景配樂，突然感覺一切充滿寧靜，一個在西方歌德式大教堂裡譜寫管風琴樂曲的音樂家，與西方禪院裡的枯山水意境，竟然可以如此契合，帶我的心靈回歸到一個沒有煩惱的清淨世界。

除了龍安寺方丈庭園之外，我也很喜歡銀閣寺的枯山水，「銀的沙灘」與「月見台」，白色的枯山水有如沙灘般，在月色下呈現銀色的光輝，讓人想起那首〈在銀色的月光下〉的歌曲。枯山水庭園每天都需要有人拿著特製工具爬梳白色砂石，聽說這項工作必須是有修練過的高僧才能執行，因為爬梳枯山水石頭，本身就是一項修行與悟道，藉著這樣的工作，進行每天的操練。

用工具爬梳枯山水的過程裡，其實也正爬梳著自己內心混亂的心境，讓所有煩惱回歸到井然有序的線條裡。我喜歡禪學家鈴木大拙說的一段話：「禪與茶道的相通之處，在於對事物的純化。」在充滿禪意的枯山水庭園，所有複雜與混亂的事物都歸於單純與秩序，在這段時間中，心靈得到安靜與休息。

京都之所以特別，不只是因為這座城市有許多古蹟名勝，更重要的是，這座城市是心靈的故鄉，類似枯山水這樣的禪意空間遍布各個角落，讓人可以有機會尋求心靈的寧靜，我想這也是京都這座城市讓忙碌現代人喜愛的重要原因吧！

銀閣寺

地址：京都市左京区銀閣寺町2
電話：075-771-5725
交通：從京都車站搭5、17、100的直達巴士最簡單方便。

安藤忠雄的枯山水——京都陶板名畫庭園

不論是西方或東方的宗教，「水」這個元素一直扮演著「潔淨」的重要角色；特別是在宗教儀式過程中，用水來淨身、沐浴，亦或是洗手、浸沒等動作，都有其宗教上的象徵符號意義。安藤忠雄在許多的建築作品中，都曾經運用「水庭」作為空間的意境表現，特別是在京都陶板名畫庭園的設計中，水庭也扮演著極為重要的角色，在陶板名畫庭園裡，雖然有「水」的元素，整體卻表現出一種枯山水庭園的禪意，可說是一種獨特的「安藤式枯山水」。

在京都陶板名畫庭園中，安藤忠雄運用他慣於使用的清水混凝土牆，玻璃以及鋼筋，有如枯山水庭園一般，完全沒有綠色自然的元素，唯一的植物可能只是安置在水下的莫內畫作〈睡蓮〉。安藤忠雄在狹小的基地空間中，運用高低層次的變化，創造出一種「迴遊式」的庭園空間。

京都陶板名畫庭園

地址：京都市左京区下鴨半木町（京都府立植物園北山門出口東隣）
電話：075-724-2188
交通：(1)搭京都市營地鐵烏丸線，在「北山」往3號出口下車。(2)搭市營巴士4號，在「北山駅前」下車。

安藤忠雄安置在水下的莫內畫作〈睡蓮〉。

在安藤忠雄的京都陶板庭園中，所有的事物都被純化，人們在遊走過程中，可以更專注在那幾幅重要的陶板名畫裡，電腦陶板印刷讓名畫可以放心地展示在開放空間中，而安藤忠雄的設計手法，開創了另一種形態的美術館，一種枯山水式、京都式的賞畫方式。

日本人對於法國印象派的作品一直情有獨鍾，一方面是因為印象派畫家從日本浮世繪得到許多創作靈感；另一方面則是因為日本人對近代歐洲藝術文化的憧憬與仰慕，從許多日本富商貴族蒐購印象派作品就可以感受得之。甚至在安藤忠雄的建築作品中，包括直島地中美術館、大山崎山莊美術館，以及京都陶板名畫庭園，都可以看見印象派作品的蹤跡，特別是莫內的〈睡蓮〉更被日本人視為是印象派作品中的珍寶。

安藤忠雄也曾表達自己對於法國印象派一種渴求救贖的心境，他寫道：「在如此混雜的生活當中，我帶著一種渴望得到救贖的心情，常常前往羅浮宮的分館——橘園美術館，看著雷諾瓦、西斯萊、巴西爾等可說是耽溺之美的印象派作品，而得以暫時鬆下一口氣，得到心靈上暫時的安

歇。」對於莫內的〈睡蓮〉更是如此，「莫內的〈睡蓮〉中，我認為也帶有那種屬於東方的、對於水的觀感與看法。東洋的浮世繪影響了巴黎的畫家們，而其中莫內所畫的〈睡蓮〉更透過我的身體使得花朵能於東方的日本再次綻放。」

一九九一年安藤忠雄在淡路島建造了一座全新面貌的寺廟——真言宗水御堂，這座寺廟一反過去傳統大屋頂的寺廟形式，在基地上建造了一座圓形的蓮花池，並且在池中種植了五百株蓮花，開花時節，整個水池布滿燦爛的蓮花。剛開始所有的信眾與僧侶都反對這樣的建築設計，因為傳統的大屋頂是佛教權威的象徵，不過安藤忠雄認為權威的時代已經過去，佛教寺廟建築也應該嘗試新的建築挑戰。

整座水御堂寺廟建築，是在寺廟上方放置一座蓮花池當屋頂，池塘中央有一座將蓮花池一分為二的樓梯做入口，由此階梯往下進入水御堂，僧侶從這裡進入寺廟，從側邊觀看，猶如走入水池中，慢慢沒入水池裡，有一種接受水池洗禮的宗教感。

「蓮花對於佛教本身便是一種極致神聖的象徵性存在。而且在水中有心靈得以安歇與喘息、在自然中生命得以孕育成長，有如此一貫的故事性。」安藤忠雄曾如此表示。也因此他在水御堂設計了燦如蓮花的寺廟屋頂，而一九九四年在京都陶板名畫庭園案中，他甚至將莫內的〈睡蓮〉，直接放在水池裡面，強烈而直接地顯現他的「睡蓮情節」，同時也創造出了一種令人可以喘息、安歇的水庭空間氛圍。

「水」會成為安藤忠雄建築設計中重要的空間元素，與他的童年生活有極大的關係。安藤忠雄也承認：「在碇川上游長大的我，大概和別人比起來對於水的關係性會比較敏感吧！」聽說莫內為了畫睡蓮，特別在他家院子裡建造了一座蓮花池，讓他可以盡情作畫，一直畫到老死。安藤忠雄必定十分羨慕莫內家中有一口創作靈感的睡蓮池，也因此在京都陶板名畫庭園案中，安藤忠雄喜悅地將莫內的〈睡蓮〉再次放入水中。

我俯視陶板庭園池中那片睡蓮，感覺這片原本在莫內家中庭園的睡蓮，忽然又甦醒過來，在水中重新有了新的生命！

極簡主義的玻璃茶屋——光庵

千利休說：「茶道就是要找回清閒之心。」

茶屋雖然小巧，卻是一座心靈的居所，讓飽受混亂折磨的世人，可以短暫得著平靜的心境，京都庭園中的茶屋，多年來扮演著世人心靈僻靜空間的角色，也撫慰了許多驚恐慌亂的心靈，茶屋經過時代的演變，這些年也出現新的創意與革新，其中最令人矚目的是設計師吉岡德仁的玻璃茶屋。

吉岡德仁原本就在思考玻璃住屋的議題，二〇一一年在威尼斯雙年展中，他提出了玻璃茶屋的設計模型，經過五年的打造，終於在二〇一六年完成，並在京都山坡上的青龍殿大舞台展出。

山科山上的將軍塚青蓮院青龍殿，這幾年建造了大舞台，仿效清水寺的懸空舞台設計，但是面積更大，視野更廣，有一種與清水寺較勁的意味。不過大舞台雖然壯觀，但是卻好像缺少什麼主題？玻璃茶屋適時填補了大舞台的空洞，成為這座空間最令人矚目的主角！

吉岡德仁所設計的「玻璃茶屋——光庵」，從二〇一五年四月九日起，在此展出一年，後來又延期繼續展出至二〇一七年九月十日，我們剛好在玻璃茶屋展出結束前的最後時刻再次造訪光庵。

從千利休以來，茶屋一直是以古樸的形象呈現，材料也多使用木材茅草等自然材質，強調著與自然的共存共生，茶屋讓人可以回到自然的美感中，享受與自然融合的心境。建築教授藤森照信的茶屋，雖然重新詮釋日本的茶屋建築，但仍舊是使用最原始自然的材料，以及傳統的工法來打造，他的茶屋建築猶如荒野中長出的有機建築，因此人們甚至將他的茶屋稱做是「野蠻建築」。

吉岡德仁大膽地使用光學玻璃為材料，設計建造了透明的現代茶屋，展現出另一種日本文化思想中，與大自然融為一體的精神再現。玻璃茶屋安置於大舞台的正中央，猶如特別為玻璃茶屋打造的空間；茶屋主人進入吉岡德仁建造了透明的現代玻璃茶屋——光庵。

玻璃茶屋中，視線可以不被阻礙地，遠眺青山綠水，真正與大自然合而為一。當光線照射在玻璃茶屋上，光線玻璃會折射出不同的光芒與彩虹，不同的時段、不同的天候，所呈現出的光線都不同，有形又似無形的存在，讓人體悟到茶道「一期一會」的真諦。

雖然是玻璃茶屋，但是入口依舊是低矮的，和傳統茶屋沒有兩樣，強調著所有人進入茶屋，必須脫下帽冠，取下武士刀，將世俗上的階級地位拋在腦後，進入茶屋這個小宇宙裡，所有人都是平等的，那是一個類似烏托邦、時間靜止的時空。

吉岡德仁的玻璃茶屋，在青蓮院青龍殿的展出只有兩年，二〇一七年九月後，玻璃茶屋就搬走了，好像櫻花的燦爛短暫一般。這座大舞台可以說是最適合玻璃茶屋的地方，玻璃茶屋移走之後，整個大舞台就將失色不少。

玻璃茶屋與傳統茶屋最大的不同，在於傳統茶屋內是一個幽暗的空間，是符合谷崎潤一郎《陰翳禮讚》中談到對於陰暗的喜愛，但是玻璃茶

屋卻是光明淨透，是接近西方建築追求光明的理想。這讓人不禁聯想到密斯（Mies van der Rohe）的玻璃屋（Fransworth House），那座玻璃屋位於芝加哥，是密斯「少即是多」（Less is More）理念的具體實踐，也是極簡主義空間最具代表性的作品。相較於密斯的玻璃屋，吉岡德仁的「光庵」更是極簡主義的極致作品，整個玻璃茶屋基本上就只是一座玻璃的容器，甚至更像是一個玻璃的籠子；對於歐美人士而言，可能會因為空間狹小，引發「幽閉恐懼症」，但是日本人早已習慣狹窄的生活空間，簡單的室內空間，沒有任何家具，沒有多餘的物品，可說是真正的極簡主義。

玻璃茶屋基本上就是一個超級極簡空間，人們在其中喝茶，學習不被雜物雜事干擾，靜心專注在大自然與內在的自我，這樣的極簡空間，人慢慢可以找回自我，找回人與人之間，那種單純的情誼。

茶聖千利休曾經寫過一首和歌：

有徑通塵外，品名在茶苑，
世人常聚此，只為絕塵念。

茶屋基本上是個「虛空之所」，其室內並無任何固定裝飾擺設，所有滿足美學需求的裝飾都隨著季節主題而變換，茶室基本上是絕對的虛空。玻璃茶屋正是這種「虛空」的極致，正像許多茶道大師所追求的全然「清寂」，在這樣的茶屋中，讓人可以暫時脫離世俗的喧擾，感受到祥和與純淨的效果。

戰國時代的武士們在外討伐奔波，性命隨時不保，心靈永遠處在一種不安與攪擾中，茶屋的簡樸與脫俗，成為人們遠離外界煩擾的世外桃源；現代人其實也經常受到生活與工作的壓力追殺，需要極簡主義空間的簡樸與脫俗，將人帶到一處可以喘息寧靜的烏托邦，這正是京都茶室般的空間，至今仍舊十分吸引人的原因。

星巴克女神V·S·日本藝妓

繼麥當勞速食店之後，星巴克連鎖咖啡館已經儼然是美國文化輸出的象徵，八〇年代麥當勞進駐義大利，就曾遭到強烈的批評與討論，如今星巴克咖啡館也計劃跟進，預計在二〇一八年到羅馬及米蘭開店。有趣的是，星巴克在去義大利開店之前，二〇一七年先在日本文化古都京都東山區二寧坂開了一家「全球唯一有榻榻米」的星巴克咖啡店，這樣的舉動似乎是在測試水溫，如果在文化敏感地帶開店可以成功，將會讓星巴克更有信心前進咖啡王國義大利。

這家星巴克咖啡店名為「二寧坂彌榮茶屋店」，開在東山區二寧坂上，是遊客們前往清水寺體驗日本風情的必經之路，同時也是京都文化極其敏感的地區。京都人不會容許外來文化在此囂張設點，但是星巴克居然膽敢在此開店，想必有其自信與把握，當然也有長久的準備與企劃。事實上，東山區並不是沒有義式咖啡連鎖店，號稱是京都Blue Bottle的% ARABICA咖

二寧坂彌榮茶屋店（京都星巴克）

地址：京都市東山区高台寺南門通下河原東入桝屋町349番地
電話：075-532-0601
營業時間：08:00-20:00
交通：(1)搭京阪電車，在「祇園四条」往1號出口下車。(2)搭市營巴士，在「東山安井」下車。

STARBUCKS

星巴克咖啡館「彌榮茶屋店」是一座傳統町家，設計完全遵從文化法規與傳統習俗，內部裝修也刻意展現茶屋的本質內涵。

啡店，就是在東山區八阪塔下開設第一家義式咖啡店，不過外來連鎖咖啡館的進駐，的確是十分敏感的議題。

星巴克咖啡館「彌榮茶屋店」是一座傳統町家，設計完全遵從文化法規與傳統習俗，除了星巴克小小招牌外，建築物外很難發現這是一家美式咖啡連鎖店，內部裝修也刻意展現茶屋的本質內涵，連前後院庭園設計也沿襲「京都三千家」的風格，分別以表千家與裏千家的風格設計，展現京都茶道的巔峰規格。

為了讓整個傳統文化地區的商家接納他們，星巴克咖啡館採取非常柔軟低調的身段，他們派出店員在門口疏導人群，如果咖啡館內已經客滿，就要求門口顧客離去，不讓人等待排隊，為的是避免造成二寧坂的紊亂；有遊客站在對街拍照，他們也會希望顧客離開，以免引起對面商家不滿。這樣的細緻手法讓我感覺到星巴克女神似乎與京都藝妓一樣，都富有女性陰柔的美感，因此可以展現出如此細緻柔軟的姿態。

京都茶屋咖啡店的出現，證明國際連鎖店還是可以進入地方文化強烈的地區設點，重要的是，連鎖店不能再以強勢的「國際樣式」（international style）介入地方，而是要以謙卑、低調的姿態，去認同並接納地方文化，讓自己融入，最後成為地方文化的一部分。

在整個觀光產業的衝擊之下，國際連鎖企業必須努力融入地方文化，傳統社區也必須做出改變。雖然大部分的京都人，血液中都留著一種捍衛京都的因子，反對各種外來的改變，讓外來者不敢隨便造次，但是京都出身的建築師若林廣幸，卻在傳統的京都祇園地區，設計建造有如機械怪獸的建築；他認為城市不能永遠一成不變，否則將會失去活力，因此若林廣幸試圖在不變的古都中，注入異型的基因，讓京都城市建築文化有重新展現活力的可能。

星巴克女神來到藝妓出沒的京都二寧坂，展現出比藝妓更柔軟的身段，成功地融入了京都茶屋文化的敏感地帶；表面上京都的傳統似乎馴服了遠渡重洋而來的星巴克女神，但是在內在部分，星巴克女神卻成功地顛覆了傳統的束縛，讓大家看見，原來古典的茶屋裡，也可以喝咖啡拿鐵；不用穿和服，也可以舒服地在榻榻米上喝星冰樂。這樣的改變，或許將為京都這座古老的文化城市，帶來新的活力與新的可能性。

虎屋菓寮

虎屋是創立於室町後期京都的和菓子店，至今已有五百多年的歷史，虎屋的和菓子原本只供應皇家使用，一般民眾是無緣吃到的，後來終於開放，讓所有人都可以來品嚐日本御用和菓子的精緻與美好。

位於京都一條通、烏丸通交口附近，有一家虎屋菓子店，這裡不僅是販賣虎屋的羊羹、和菓子，同時也設立了一家可以在裡面好好喝茶、吃和菓子的虎屋菓寮。原來這裡是虎屋的創始地，店家希望人們可以在優雅

虎屋菓寮

地址：京都市上京区一条通烏丸西入ル
電話：75-441-3113
營業時間：10:00-18:00
交通：從京都車站搭京都市營地下鐵烏丸線「今出川」6號出口。

的環境中，好好去享受喝茶的時光，因此特別請建築師內藤廣設計了這座具有現代感，卻不失古典氣質的茶屋「虎屋菓寮」。

「虎屋菓寮」素雅優美，不會搶走主角和菓子的風采，走入茶屋裡，可以發現裡面別有洞天，原來後面還隱藏著一處美麗的後花園，猶如世外桃源一般。隨著四季的變化，花園中的景象從春天櫻花盛景，轉為夏日翠綠樹影，然後是秋日的紅葉美景，最後是冬天單純的雪景，不只是屋外庭園的景色變換，桌子上的和菓子點心也隨著季節不斷變換。

日本作家柏井壽在《一個人的京都秋季遊》書中曾經如此描述：「京都人的確很喜歡茶，但並不只是單純喝茶，而是『享受喝茶時光』這種精神層次上的喜歡茶。」

對虎屋而言，他們就是一個製作和菓子的商家，大可以只是做餅賣餅賺錢就好，卻還要費心設計建造虎屋菓寮、庭園造景，目的就是希望營造出一個精神性的喝茶時光，讓精心設計製作的和菓子，與大自然的四季變化，為來菓寮喝茶的人帶來內心精神的感悟。

我覺得這就是京都之所以令人嚮往的重要原因，京都的飲食並不是為了口腹之欲而已，京都的飲食都具有某種精神性的享受；只重視舌尖味蕾滿足的人，其實留在大阪就好，因為大阪有更多更豐富的食材，可以滿足美食家的肚腹。京都的飲食不只是為了口腹之欲，更是為了滿足精神上的需求，不論在視覺上、在美感上都有深刻的著墨，讓使用者在品嚐之際，體悟自然的季節之美，以及人生的況味。

如果我們只是為了吃美食而去京都，基本上是暴殄天物，失去了享受精神滿足的可能，同時也失去了體驗京都最動人部分的機會。我建議去京都旅行的人，減低你的欲望，包括食欲以及購物欲，用單純樸實的心靈，去體會京都的種種，你才可能真正地靜心清寂地，觸摸到京都的心靈。

在虎屋菓寮裡，最棒的位置就是面對內部庭園的走廊下，坐在這個地方，觀看春夏秋冬的自然寧靜美景，店家不會催促你，也不會限時驅趕你，你可以呆坐一整個下午，真正享受京都的美好，喝口茶、吃一小塊配合自然時節設計的和菓子，感受那種與季節時令合一的和諧與美妙。

四、愛戀的京都

Adoration in Kyoto

京都這座城市，總是有一些有趣特殊的設計，
讓情侶們共同體會不同的心境，
你可以說，在京都談戀愛，
約會方式與約會結果，都與其他城市大異其趣！

京都的平行宇宙

最近引起許多話題的催淚純愛電影《明天，我要和昨天的妳約會》，整部電影以京都為背景，拍攝手法十分唯美動人，讓人重新去認識發現京都的美感。這部電影是改編自七月隆文的同名小說，由福士蒼汰與小松菜奈所主演，敘述著一段兩個不同世界交錯的神奇愛情故事。

劇情故事的鋪陳，似乎源自於哲學家萊布尼茲的「平行宇宙」理論，只是電影中兩個不同宇宙並非平行直線的同步前進，而是以螺旋曲線、反方向的方式進行，因此造成了兩個宇宙每隔五年就有交會的機會，男主角五歲時，女主角三十五歲，男主角十歲時，女主角三十歲，當兩人都是二十歲時，他們終於邂逅相愛，譜出短暫燦爛的戀情。

這樣複雜奇特的戀愛故事，哲學理論當然不是電影的重點，但是千年古都京都的美景肯定是電影的重點，從左京區的叡山電鐵、鴨川跳石、澡堂咖啡店，以及寶之池等地點，都成了電影中故事發展的場景，同時也成為許多京都愛好者將來旅行的新路線。

叡山電鐵的文青浪漫旅程

以叡山電鐵為例，這條電車線位於左京區，然後往山區貴船、鞍馬地區前進，因為鄰近京都大學、京都藝術大學等學府，因此附近成為學生住宿活動的地方，叡山電鐵也成為學生通勤、活動最方便的交通工具，也因此這部電影的男女主角，從邂逅到重逢別離，重要的情景都是在叡山電鐵的月台或列車之上。

叡山電鐵是前往山區避暑的重要交通工具，夏日京都人喜歡搭乘電車上山，享受清涼的森林浴，據說山上的溫度至少比山下京都市區少五度以上，人們喜歡到山上貴船的料理店，享用架在溪流上川床的流水麵。流水麵是一種奇特的京都食物，藉著竹管，讓冷麵條像玩滑水道一般，流過竹管，流進人們的五臟廟裡。這好像是將山上的清涼，藉著流水帶給麵條，再帶到人們體內，讓人去山上，不僅是身體外部感覺清涼，身體內也因為冷麵以及清涼的水質，感到冷靜舒爽起來。

叡山電鐵除了一般車廂之外，也有新型的景觀列車，這種景觀列車有一邊的座椅是面向窗戶排列，讓乘客可以輕鬆地欣賞窗外的森林綠意，夏天帶著壽司上山野餐，搭乘景觀電車，享受滿眼的綠意，的確是京都人的莫大享受！

我很喜歡「看山」或「看海」的電車，這樣的電車讓你可以很快地前往大自然，享受大自然帶來的輕鬆與自在。東京這座城市有「看海」的電車，就是我稱之為「逃學電車」的江之島電車，讓東京人翹班翹課去看海，得到壓力的紓解；京都則有「看山」的叡山電鐵，讓京都人可以逃離城市文明，暫時隱遁到山野森林裡，享受自然的幽靜與孤獨。事實上，叡山電鐵也是左京區學生的「逃學電車」，特別是情侶們可以輕易地搭上電車，到寶池畔散步談心，或是直接到深山森林中漫步，這樣的戀愛經驗可能比其他城市更有氣質，也更特別。

夏天結束，秋天來臨，叡山電鐵會推出黑夜上山「賞夜楓」的特別列車。有一次我們在京都，吃飽飯想說沒地方去，就在出柳町搭乘上山的賞夜楓列車，夜晚搭電車上山是很特別的經驗，通常山中夜晚是漆黑一片，根本不適合上山，但是在特定季節，山上寺廟會有特別的夜間拜觀的活動，也會在山林小徑點燈，讓人可以去感受特定季節的夜晚。

列車駛過左京區，然後逐漸爬升，進入漆黑的山區，外面森林在黑夜中，根本伸手不見五指，所有人在車內燈光下，就是隨意聊天，也沒有太大的期待，突然列車車廂內的燈光全部熄滅，所有人都驚呼害怕，我心中頓時驚覺：是不是車廂燈壞了！因為黑夜中車廂若沒有燈光，真的看不見任何東西。

突然車廂外一陣萬紫千紅的光影，原來為了讓大家賞夜楓，電車公司特別在某個路段關掉車廂電燈，然後在外面山林間打燈，燈光投射在整座山林間，將紅葉打光，呈現出色彩繽紛、流動的魔幻色彩，隨著列車的繼

景觀列車有一邊的座椅是面向窗戶排列，乘客可以輕鬆地欣賞窗外的森林綠意，夏天帶著壽司上山野餐，搭乘景觀電車，享受滿眼的綠意，的確是京都人的莫大享受！

續移動，車廂內乘客猶如在看超現實主義電影一般，又好像觀看古代皮影戲的迷幻光影，個個都發出興奮的驚呼聲！

京都人就是懂得操作自然的美感，春天與秋天都會進行「賞夜櫻」與「賞夜楓」的活動，為什麼夜晚還要特意打燈去賞櫻花、賞楓紅呢？一方面是感嘆櫻花楓紅美景的短暫，希望抓住每個美麗的時刻，即便是夜晚，也要秉燭打燈，熬夜賞景。另一方面，夜晚總是比白日更抒情、更唯美！過去許多詩人總是在夜晚醒來，或是失意難眠，然後就發現原來夜晚何其美麗！正如晏殊在〈撼庭秋〉中所寫的：

碧紗秋月，梧桐夜雨，幾回無寐！

詩人在失眠的夜晚，才感受到夜色裡，透過簾紗看到秋天夜色是有多美！在安靜夜晚才感受到，雨滴打在梧桐葉上的聲音是多有感覺。

古代詩詞作家都知道夜晚的美麗，特別是在寧靜黑暗的夜晚，我們的美感官能似乎變為敏感，我們的心思也更為善感，所以我們更能感受自然

的美，更能在夜色中創作出唯美的詩句。

情人們最知道夜色的美麗，同時也知道夜色的難熬。

英文有首歌叫做〈The Night Has a Thousand Eyes〉，其實是描寫夜色中充滿嫉妒、情感糾葛的心境，相隔兩地的情侶，夜色中心境最為糾結，不知道對方在做什麼？不知道對方是否也在想念他？或是有別的對象與她在一起？所以說，不要輕舉妄動喔！因為夜色中，總有一千隻眼睛在看著你！

搭乘緩慢的路面電車，依然是一件浪漫的事！

在電車上邂逅、每天期待在電車上的相遇，以及月台上的別離，都是叫人內心悽苦或雀躍的事！人們總是覺得在來來往往的電車上，可以遇見對方多麼不容易，若不是彼此緣分的牽引，如何能在茫茫人海中相遇呢？

我深深覺得路面電車是城市浪漫的重要元素，京都是日本最早有路面電車的城市，至今仍然保有嵐電與叡山電鐵，為這座城市保留了浪漫的元素，也讓這些唯美的純愛電影情節，繼續在這座城市裡演出。很多人為了交通因素、為了經濟商業因素，支持建造路面電車，我想我是那唯一，為

搭乘緩慢的路面電車，不但能欣賞窗外四季美景的流轉，更可以與不同的浪漫或是別離相遇。

構内
20
出町柳
3 L
6

了浪漫因素，支持路面電車的人！

鴨川的飛石

京都的水就是如此，從山上森林中順流而下，進入高野川或賀茂川，然後匯流進入鴨川，甚至到達伏見地區，成為造酒的水源。京都的水與京都文化有著密切的關係，所有的著名寺廟都有自己的「名水」，用這些清澈冰涼的水煮茶或湯豆腐，感覺別有一番風味。這些水道溪流也為這座城市帶來浪漫的風情。

電影中的京都，出現了許多水空間，水是城市重要的浪漫因素，如果沒有水，京都可能無法如此浪漫，如果沒有水，京都也無法有茶道、甚至無法產生京都的哲學。整個京都最重要的河川是南北流貫的鴨川，這條河流是賀茂川、高野川匯流而成；京都人後來引鴨川的水，作為運河使用，就是現在的高瀨川。但是有了鴨川、高瀨川，京都人還不滿足，另外從遙

京都鴨川上的飛石，讓人們與京都之水有了親密與浪漫的接觸。

遠的琵琶湖引水入京，就是現在的疏水，甚至利用疏水發電，讓京都很早就有城市的電車系統。

鴨川跳飛石過河的地方共有四處，四個地方的飛石各有特色，有烏龜、三角石、千鳥、舟形等等，不過最有名也最受歡迎的，應該是位於賀茂川、高野川交匯處的烏龜飛石，在這個匯流處觀看鴨川別有一番壯闊景觀。兩條河川匯流的三角洲地帶，可說是京都最具魔力的地點，在萬城目學的小說《鴨川荷爾摩》中，就提及這個地方。事實上，對於京都大學的學生而言，這是他們每天騎車過橋都會看見，也會駐足停留的地方。

我喜歡帶朋友們來鴨川跳石頭，每每帶

鴨川跳飛石過河最有名也最受歡迎的，是位於賀茂川、高野川交匯處的烏龜飛石，在這個匯流處觀看鴨川別有一番壯闊景觀。兩條河川匯流的三角洲地帶，可說是京都最具魔力的地點。

大家去跳石頭，都可以看見朋友們臉上浮現兒時無邪的笑容，歡笑尖叫聲不斷；有的人謹慎一步步跳過石頭，有的人攜手互助共同跳躍過河，有的人則以百米速度輕功般地飛越河面，引起大家的歡呼讚歎！不過就是在河流上放幾塊石頭，竟然可以帶給大家這麼多樂趣與歡笑，這樣的城市建設真是太值得了！

不過不只是觀光客、京都大學生喜愛這個地方，連京都的老鷹們也愛徘徊飛翔於此地上空，此地有著寬闊的鴨川河面，加上附近就是下鴨神社的原始森林，空氣十分清淨，是老鷹們喜愛生存的地方。每次在這裡跳躍飛石，就可以看見有幾隻老鷹在上空盤旋，有時候老鷹會低空俯衝抓取獵物，總引起民眾們驚呼連連，不過京都就是如此與野生動物共生的城市。

有一次，我還看見一個外國觀光客，手拿三明治來到此地，準備在這個絕美的地方享受他的簡單午餐，結果一瞬間巨大老鷹騰空而降，搶走他手上的三明治，然後很快地回到高空中，嚇得那位老外觀光客不知所措！我目睹這場搶案，也嚇得目瞪口呆！

跳飛石的四個地點

賀茂川

形狀：三角形

交通：市營巴士204、205、206「植物園前」下車。

賀茂川與高野川匯流

形狀：烏龜與千鳥

交通：⑴市營巴士102、201、203「出町柳駅前」下車。⑵京阪電車、叡山電車「出町柳」下車。

荒神橋以北

形狀：方形、烏龜

交通：市營巴士4、17、59、205「荒神口」下車。

二条大橋以北

形狀：千鳥、舟型

交通：⑴市營巴士32「川端二条」下車。⑵京阪電車「神宮丸太町」下車。

我曾在天氣極度炎熱的暑假，來到飛石處，竟然看見老外穿著比基尼，在鴨川裡泡澡消暑，讓人頓時覺得煞風景！因為這樣的情景與京都優雅的氣質的確差太多了。西方人不了解京都的氣質，就像他們永遠不會了解京都純愛故事的表達方式一般。

跳鴨川上的飛石是個十分浪漫的過河方式，石頭的距離讓河水平時可以順利通過，但是對於渡河的人而言，必須要做小小的跳躍動作，才可以從一塊石頭躍到另一塊石頭上，但是跳躍的動作又不能太大，以免用力過頭，停不下來，跌入下一個間隔水裡；所以選擇跳石過河，步伐必須拿捏得宜，才可以穩穩地渡河。

一個人渡河就已經不容易了，若是兩個人要一起從飛石渡河，就更充滿了挑戰性！因為兩個人步伐要一致本來就很困難，又要拿捏過河的跳躍節奏，困難度大增；很多情侶們一起來走飛石過河，除了培養兩個人的默契之外，似乎也一起學習如何伴走人生路。

電影中帶女友來跳飛石過河，是個精心設計的約會橋段，跳飛石的刺激感，有如看恐怖片一般，會增加兩人互相依賴的親密度，同時也讓愛情更加溫、更迷茫！或許兩人牽手順利過河，會讓情侶有共同度過難關的成就感，然後讓彼此更認定對方，或許就是人生攜手共度的對象？

京都這座城市，總是有一些有趣特殊的設計，讓情侶們共同體會不同的心境，你可以說，在京都談戀愛，約會方式與約會結果，都與其他的城市大異其趣，這也是這座氣質城市的特色之一吧！

神隱澡堂咖啡館

在情人的眼神交會中，剎那間猶如永恆，那個浪漫激情的短瞬，令人永難忘懷！

據說達到光速時時間會停止，所以對於光來說時間是靜止的。在京都的老房子裡，光線從窗戶灑下，看著光影緩慢移動，在這裡，時間也是靜止的；情人們在京都的老房子裡，最能體會時間靜止的美妙。

京都地區的鞍馬口通，原本就有列入國家文化財的「船岡溫泉」澡堂，至今仍在使用當中，順著「船岡溫泉」巷子往前走，可以看到另一座典雅的木造澡堂建築，唐破風的立面，讓人聯想到宮崎駿動畫《神隱少女》裡的油屋，不過這裡目前已經不是澡堂，而是一家咖啡館「Café SARASA」。

京都有許多老屋咖啡館，也有幾間澡堂改造的咖啡館，有點澡堂建築較接近洋樓，因此改造後就成為洋味十足的餐廳；但是「Café SARASA」是傳統日式澡堂，不僅有唐破風入口，深色的木頭建材也帶著悠久歷史的痕跡，改造成咖啡館特別有味道！

我認為老房子改造成咖啡館是非常適合的，因為老房子中總是有某種古老陳腐的氣息，咖啡香的瀰漫，剛好可以去除那些老房子裡令人不愉快的氣味，甚至連老房子裡的陰森與邪氣，似乎都可以驅除。咖啡香似乎也有醇化老房子的功用，古老的木造建築，在咖啡香味的薰陶之下，感覺更有某種吸引人的韻味。

Café SARASA

地址：京都市北區紫野東藤ノ森町11-1
電話：075-432-5075
營業時間：11:00-23:00，每週三公休
交通：搭市營巴士46、59、206，在「千本鞍馬口」下車。

OPEN 12:00~

TOILET
ZAKKA

由澡堂改造成的Café SARASA，牆面保留的陶瓷面磚古典豔麗，如花朵般綻放，讓進來的人驚豔不已。難怪描寫京都超越時空的愛情故事電影《明天，我要和昨天的妳約會》，會選此處作為談戀愛的場景。

澡堂改造成的「Café SARASA」，保留了原有澡堂內部的許多細節，特別是陶瓷面磚的部分，花樣古典豔麗，至今仍然如花朵般綻放，讓所有進入澡堂建築內的人們驚豔不已。澡堂對於日本人而言，本來就是一個另類的空間，甚至是一種進入天堂異境的世界，熱呼呼的蒸汽，迷濛的水霧，很多作家都覺得泡完澡，似乎如打通任督二脈，原本寫作困頓的狀態頓時化解，開始文思泉湧。這樣的經驗對於寫作的人一定不陌生，每次寫作遇到瓶頸，去泡澡或洗浴，靈感突然就會重新湧現；甚至難解的問題，也可以找到答案。日本人會將澡堂視為另一個天堂般的異境，不是沒有原因的！

這種氛圍基本上是浪漫的，一種帶著泡澡樂趣的精神放鬆，是超越現實的平行時空，難怪描寫京都愛情故事的電影《明天，我要和昨天的妳約會》，那種超越時空的愛情故事，會選擇在這個澡堂咖啡店當作談戀愛的場景。

我來到這座澡堂咖啡店，感覺時空在我腦海裡錯亂起來！似乎這裡是不同時空磁場的交錯地。我好像看到歷史中許多不同時代的男男女女，在澡堂裡來來去去，碰撞出許多火花與夢境，然後消失在空氣裡！

在京都旅行正如電影《明天，我要和昨天的妳約會》中的平行宇宙，不同的時代、不同的建築空間融合在一起，讓人不小心就跌入歷史的漩渦中。但是春天繁花盛開之際，所有不同的宇宙時空，似乎很容易就被融合在一起，春天的京都充滿著浪漫的紛飛花瓣，不論是鴨川沿岸、高瀬川畔，亦或是聞名的「哲學之道」，都可以看見櫻花滿開的盛景，每年三月底所有人就開始期待櫻花美景的到來，正如平安時代歌人在原業平的詩句所描述：

現世若無櫻，焉能渡春心。

櫻花的出現是如此燦爛美麗，但卻是如此的短暫淒美！正如春天京都的櫻花一般，盛開不多時就紛飛凋零；電影中的愛情就像是櫻花，雖然短暫，卻是美好，讓人永遠懷念與等待！每年春天到京都旅行，都像是與京都談了一場淒美的戀情，永遠印刻在內心，無法抹滅。

五、秘境的京都

Secret Places in Kyoto

我有如前往耶路撒冷朝聖的天路客，
雖然光腳走在曠野上，身體疲乏困倦；
但在瞥見天堂聖境一景後，
精神上卻重新振奮起來，
滿懷欣喜之情，繼續勇往直前。

古都地下的隱藏殿堂——真宗大谷派東本願寺參拜接待所

許多人到京都旅行，都會到東本願寺去參觀，導遊總會特別介紹寺院中宏偉巨大的御影堂大殿，因為這座建築屋頂非常巨大，呈現出一種強力權威的震懾效果，人們只要站在御影堂前的廣場，遠遠就會被這座建築物所震撼！

當年為了建造這座巨大屋頂的建築，可是煞費苦心，並且留下了一段令人毛骨悚然，卻又感動的故事，原來當年為了建造這座巨大的建築，（你可以想像幾乎就是在興建一座木造的小巨蛋建築），廟方特別找到一根巨木當作主梁，但是這根巨大木頭十分沉重，每次要用繩索將巨木拉到屋頂上，在半途繩索就因為太重而被扯斷，最後廟方只得祭出不得已的手段，號召所有女信徒捐出頭髮，用頭髮與麻繩一起編成繩索，增強繩索的強度，終於將梁木定位，最後才能完成建築工程。

這條神奇的繩索，至今仍舊存留在大殿之中，許多觀光客喜歡去看這條頭髮結成的繩索，但是我卻很害怕，總覺得這些頭髮屬於許多古代人，而這些人皆已不在人間，這些頭髮從某個角度而言，其實就是遺體的一部分，就像是遺骨一般，竟然如此大方陳列供人參觀，讓我覺得很不舒服！

東本願寺就位於京都車站前不遠處，昔日搭乘火車到京都的旅客，總是很快能在東本願寺感受到京都古色古香的氣質，沉穩的黑色屋瓦，深色的原木柱梁，以及秋日大道上染成一片的黃色銀杏樹葉，都叫人陷入一種舊日典雅的情懷之中。

雄偉的入口大門有如城門一般，甚至連護城河都一應俱全，可以想見昔日佛教勢力幾可敵國的盛景，不過眼前寺廟門口打瞌睡的鴿子豆小販，庭院內不懼怕人的成群鴿子，卻呈現出一派悠閒恬靜的景象。大部分人都不知道在這座典雅寧靜的古老寺廟裡，居然隱藏著一座奇特的現代建築，連經常帶團到京都的導遊也訝異地表示：我每次都到東本願寺，竟然不知道裡面藏著這麼一座現代化十足的建築！

這座增建於東本願寺內的參拜接待所，正如隱藏於古寺內的大魔神（無敵鐵金剛）一般，由建築大師高松伸操刀設計。高松伸畢業於京都大學建築研究所，從八十年代開始，高松伸就在京都市區展開設計工作，除了眾所矚目的ARK、PHARAOH、織陣等機械建築之外，高松伸也嘗試與京都古老文化或寺廟有關的建築設計案；事實上，在一九八二年高松伸就在岐阜縣設計建造了一棟西福寺，其現代低調的造型，令人耳目一新。同一時期，高松伸也在京都狹窄的先斗町通上，設計了一間茶屋，清水混凝土的後廂建築，加上暗黑色屋頂的富傳統意象前半部建築，在先斗町上的確不太起眼，正好融入整個古都典雅的氛圍之中。

高松伸在九十年代中期，承接了東本願寺內的參拜接待所的設計案，他面對這座歷史悠久的古蹟，心中誠惶誠恐，打算用最簡潔低調的方式來設計本案，以求與原有古蹟融合，不至破壞古建築整體的形象。高松伸那些在京都的機械建築瘋狂想法似乎不再適用了，為了不會將古蹟毀於一旦，甚至讓自己的一世英名掃地，高松伸使用近乎安藤式的低調設計手法，令人感覺到一股安藤式建築的幽靈附身，許多初識此建築者，都誤以為是安藤忠雄的作品。

　　高松伸將整座參拜接待所放置在地底下，並藉由一個圓形月眉的天窗採光；從原始設計圖來看，高松伸原本似乎有意設計一座類似蓮花般的集會堂，藉此凸顯其佛法精神象徵，不過蓮花座構造太過巨大，只好轉為地下化，成為一座潛入地下，擁有漂亮天窗的地底蓮花。整座建築地下化之後，只在中庭地面上留下如月眉狀的天窗及圓形狀地表，這個抽象的幾何形狀地表，簡潔優美得有如京都寺廟常有的枯山水庭園，是另一種形式的庭園表現。

　　走上側殿木頭階梯，一座古舊木箱上寫著說明，指示參訪者必須脫下鞋子，親自提著自己的鞋子走進殿內參觀。我提著鞋子，讓穿著襪子的雙腳在光滑的木頭地板上滑行，繞過側殿赫然發現一座清水混凝土的簡潔建築連接在側殿之後，走進這座混凝土建築內，順著光線明亮的坡道往下走，奇妙的建築光影之旅就此展開。

高松伸將整座參拜接待所放置在地底下，並藉由一個圓形月眉的天窗採光。整座建築地下化之後，只在中庭地面上留下如月眉狀的天窗及圓形狀地表，這個抽象的幾何形狀地表，簡潔優美得有如京都寺廟常有的枯山水庭園，是另一種形式的庭園表現。

高松伸在地底下隱藏了一座神秘的殿堂，殿堂呈現上窄下寬的陶甕形狀，月眉狀的玻璃天窗正好為陶甕狀的殿堂外殼打光。從地面層往下走的過程中，高松伸試圖製造可以欣賞地底殿堂光影變化的機會，在地下一層上，往外突出了一塊圓形展望台，一方面提供參訪者歇息；另一方面則讓參訪者先向下眺望整個空間，了解到整個參訪的路徑。繼續向下行走，穿過隔牆，又可以看見剛才站立的圓形展望台底部，以及整個地底隱藏殿堂的側面。

整個參訪的路徑與過程，有些類似安藤忠雄所設計真言宗水御堂的做法，都在接近主題焦點前，用一道牆阻隔視線，以迂迴路徑製造神秘效果，並塑造出朝聖的心境；只是在朝聖過程中，高松伸還是設計了一座展望台，讓好奇的參訪者在冗長的地下參拜路上，有機會一窺天堂秘境的幻影，使得他們可以重新振作，快步地向聖地前進。

我有如前往耶路撒冷朝聖的天路客，雖然光腳走在曠野上，身體疲乏困倦；但在瞥見天堂聖境一景後，精神上卻重新振奮起來，滿懷欣喜之情，繼續勇往直前。

坡道引領著我們來到寧靜的空地，有如青翠安詳的水草之地一般，有天光由側面傾瀉，營造出一種聖潔的光輝，兩根巨柱矗立在地底大堂前，有如神話中支撐宇宙的力量。此時我才發現地底殿堂的外表，不同於安藤慣用的清水混凝土，而是以粗糙的混凝土構成，更增添整個地底聖堂的剛毅力量感。地底殿堂是座莊嚴的集會空間，屋頂圓形的天窗透下溫暖的光芒，當住持弘法或多媒體簡報時，圓形的天窗會自動關閉，呈現出暗黑的隱密感。

地底下殿堂前的光線，展現的是一種寧靜的光明，一種現代主義基督教式的光線，在佛教地底的隱密殿堂中重現。之後有一次，我帶著許多人到東本願寺參拜接待所參訪，地底殿堂內正有高僧在弘法，會堂內聽眾寥寥無幾，大家在入內聆聽一陣之後，也沒有人真正聽得懂高僧在說什麼？不過雖然聽不懂佛法，大家卻都聽懂了地底殿堂光線所傳達的奇妙聖性。

或許弘法有時並不需要靠言語，建築物內的光線本身就已經在弘法了！

東本願寺參拜接待所

地址：京都市下京区烏丸通七条上る常葉町754
電話：075-371-9210
營業時間：09:00-16:00
交通：由JR京都車站下車。

古都的建築新意——平成知新館

京都這座城市一直存在著對傳統的敬意與保護，所有的京都市民體內似乎都流著保衛傳統建築的血液。過去曾經有一些新建築出現在市區，都惹來京都市民的抗議與批評，特別是當年京都大倉飯店高層建築在河原町出現時，曾引起許多市民的反對、甚至抵制，很多名勝古蹟在門口張貼海報，揚言「不歡迎住大倉飯店的人來參觀」，可見京都市民對於城市古老歷史文化的執著。

京都國立博物館是一座古色古香的紅磚西洋古典建築，原有的明治館已不敷使用，因此重新建造一座新館。原有的國立博物館紅磚古典建築其實非常漂亮優雅，不過也是因為建築物太漂亮，使得藝術品陳列其中，風采都被建築物搶走，並不是很理想的博物館建築。因此特別請來設計紐約MoMA新館的設計建築師谷口吉生來操刀，新館命名為「平成知新館」。

京都國立博物館平成知新館，充滿谷口吉生的極簡風格，與舊館形成相輔相成的關係。

京都國立博物館平成新知館

地址：京都市東山区茶屋町527
電話：075-525-2473
營業時間：9:30-18:00（週五、六至20:00）
交通：⑴京阪電車於「七条」下車。⑵阪急電車於「東山七条」下車。⑶京都市營巴士於「博物館．三十三間堂前」下車。

谷口吉生是日本極負盛名的現代主義建築師，他的建築承襲了現代主義大師密斯「少即是多」的極簡主義精神，讓現代建築在簡潔中展現出一種細膩與高貴。在他所設計的豐田美術館、東京上野的法隆寺寶物館等作品中，都可以看到所謂「魔鬼就在細節中」的嚴謹紀律。

京都國立博物館平成知新館位於舊館後方，因此谷口吉生以最簡潔的線條來設計這棟博物館，以免新建築喧賓奪主或干擾了建築群之間的和諧。建築物前方的水池、細長的圓柱支撐著長形的出簷，讓館內的長廊呈現出天堂般的明亮光影，在秋冬寒風中，更顯得溫暖亮麗！一點都不會給人有冰冷殘酷的感覺。

博物館內展出的日本古寺佛像與羅漢雕像，那些封存在老博物館裡，木乃伊般死寂的古物，在這個新建築裡，似乎又復活過來，充滿了新生的神采。

我看見這些雕像們在乾淨的展場裡，恣意地伸展肢體，好似心平氣和地彰顯他們的功力，現代極簡的空間，似乎更能襯托出這些神怪雕像的威力！

其實對於博物館人員而言，他們最不喜歡張牙舞爪、繁複華麗的博物館建築，一座乾淨簡單的博物館建築才是他們心目中最佳的展示場所，因為那些花俏的博物館建築，經常都搶了展出作品的風采，甚至讓參觀者只注意到建築而看不見展示作品。

雖然建築師谷口吉生處心積慮地，希望這座新建築低調謙遜，不要搶了舊博物館與展出品的風采，但是他的建築就如流著貴族血統的平民一般，讓人無法不注意到它的高貴氣質！這座新博物館現在已經成了京都古城最令人矚目的新景點！

烏托邦美術館——美秀美術館

美秀（MIHO）美術館有如一位凍齡的美女，雖然時光飛逝，卻絲毫沒有在她臉上留下痕跡。開幕至今已經二十週年了！這座由華裔建築師貝聿銘所設計的知名美術館，經過了二十年的歲月，竟然還保有初開館時的精緻與優美，甚至與大自然更加和諧共生，整個美術館的管理與服務，沒有隨著時間的流逝，留下任何老舊的痕跡，令人十分驚豔。

建築師貝聿銘先後完成了德國國家博物館、盧森堡美術館，以及蘇州美術館等作品，多年之後，許多人還是認為美秀美術館是貝聿銘這些年來最令人難忘的作品。華盛頓東廂美術館、羅浮宮增建案，以及美秀美術館，堪稱是貝聿銘職業生涯中最重要的里程碑。我雖然在世界各地看過許多貝聿銘的作品，不得不承認，美秀美術館具有某種靈性與美麗，吸引著我不斷地前往參訪，在那裡我體驗到什麼是「山中無歲月」，什麼是「時間的靜止」，到美秀美術館不僅是欣賞收藏品與建築空間，同時也給自己心靈帶來片刻的寧靜。

貝聿銘出身中國蘇州，雖然在美國完成建築教育，但是骨子裡卻還保有其傳統東方的文化涵養。在美秀美術館的設計案中，他聰明地採用了大家熟知的〈桃花源記〉作為整個參訪路徑的劇本。整個美秀美術館的參訪過程，猶如中國傳統山水畫的意境一般，若隱若現、似有似無，甚至令人聯想到〈谿山行旅圖〉中，那些隱沒於雲霧、樹林間的長長石階步道，然後又忽然在山岳的某個角落出現，繼續向上延伸，進入高峰的雲霧之中。

美秀美術館之所以耐人尋味，在於其空間配置上，具有中國園林迴遊式的趣味，隨著參訪者的移動，展現不同的空間景致，從而體驗出不同的意境。參訪路徑極具哲學思維，許多人將整個過程體驗比喻為人生旅途，特別是在彎曲的隧道中漫步，只見隧道盡頭隱約發出光芒，卻不知道將通到何處？此刻特別具有禪意，也讓人在短暫卻又寧靜的時刻，思考人生的終極意義。

美秀美術館總是讓我想起以前看過的某種科幻電影，那是一種奇特的「烏托邦式美學」，首先是那些載運遊客的白色電動車，安靜地穿梭接待中心與美術館間，有如過去科幻電影中，關於未來烏托邦世界的描述；因為那些電影裡，總是會出現這種白色電動車。白色電動車象徵著美秀美術館

對於美學近乎潔癖之要求，電動車安靜的運作，不會干擾到清山綠水間的蟲鳴鳥叫，使得這座烏托邦式的美術館區，永遠呈現出一種寧靜的氛圍。

更有趣的是，白色電動車的駕駛，穿著白色制服，臉上表情肅穆，令人懷疑這些駕駛是否是科幻片中的複製人或機械人？我們也不得不佩服美秀美術館的周到服務，即便是貴婦人在雨天蒞臨，仍然可以輕鬆地在美術館中喝下午茶，然後乾乾淨淨、一塵不染地離去，白色電動車還會在下車時，提供踏腳墊，以及擦去雨滴的白抹布。

如果下雨天去，可以看見美術館另一種烏托邦式的美學操作，曾經有一車子的台灣遊客在雨天來到美秀美術館，當車停妥之際，所有人正準備下車撐傘擋雨，只見美術館人員前來阻止，要求大家將自己的傘留在車上，而另外送來一整排赭紅色、印著MIHO字樣的雨傘，讓大家使用；其用意似乎是不希望旅遊團團員花花綠綠的雨傘，破壞了烏托邦視覺上的統一美感。

美秀美術館的美學潔癖，我完全可以理解。

這種近乎法西斯式的美感要求，在科幻片中的烏托邦世界也經常出現，

美秀美術館塑造出一種有如未來烏托邦的空間美學。

美秀美術館

地址：滋賀県甲賀市信楽町田代桃谷300
電話：0748-82-3411
營業時間：10:00-17:00，最後入館時間16:00
交通：由JR京都站至「石山」，再轉乘帝產巴士。

美秀美術館對美學有潔癖，因此利用殷勤的服務，去達到美感的要求，卻不會令人感到不悅。

要求每個人以某一種特定制服、顏色出現，或使用某種既定的交通工具等等，為的是維持某種美感。當然美秀美術館是出於善意，希望整個園區呈現出最優美的美感狀態，因此利用殷勤的服務，去達到美感的要求，卻不會令人感到不悅。連坐在美術館中的咖啡廳喝下午茶，美術館也希望達到某種美學狀態：在每個桌子旁放一個編織的藤籃，每個客人的隨身提包不能隨便擺放，必須放在藤籃裡，並且由一條白布蓋著，以免破壞咖啡廳整體美感。

美秀美術館就是這樣一個講求精緻美感的烏托邦，我二十年來無數次前往，每一次都有不同的體驗。美秀美術館的確是個烏托邦，是個長生不老的桃花源，凡人雖然無法居住其間，但是我們可以像武陵人一樣，每年不經意地造訪其中，窺探一下烏托邦是否仍在，並且享受片刻桃花源的自然與美感。

六、近江的京都

Lakeshore in Kyoto

有人將這裡稱作是日本的水都威尼斯，
遊客可以搭乘小船，穿梭在運河水道之間，
欣賞城鎮古老建築之美。
在盛夏苦熱中，可以找到川畔的清涼；
寒冬酷寒裡，也可以找到白雪的純美！

櫻花國寶城

這幾年春天在京都賞櫻，已經成為一種擁擠又痛苦的事！因為到處都是賞花的人潮，讓原本充滿詩意的賞花活動，變成擁擠的菜市場；這幾年，我為了尋回那種賞花的閒情逸致，總是逃離京都市區熱門景點，前往郊外尋訪櫻花新樂園。

靠近琵琶湖的近江地區，可說是京都的外圍地帶，但是因為京都引琵琶湖的水到市區，所以對於京都而言，琵琶湖是他們生活中重要又密切的地方。搭乘火車來到琵琶湖，火車沿著湖東岸北上，會經過幾個重要城鎮，這些城鎮因為位於水岸的原因，開化都非常早，也有許多令人意想不到的歷史發展。

對於喜歡追櫻的人而言，春天櫻花季逃離市區，來到琵琶湖畔，可以更悠閒輕鬆地享受櫻花美景。我喜歡到彥根城賞櫻，這是一般觀光客不太會到的地方。這座古城堡是日本四大國寶城之一，日本各地都可以看見許多古城以及天守閣，事實上，這些城堡都是假的，大部分是戰後重新建造復原的，因為日本古老的城堡幾乎都在明治時期拆毀，剩餘的又在二戰時期遭到轟炸，因此倖存的天守閣所剩不多，只有四座完好如初的天守閣被稱為國寶城，包括白鷺城姬路、烏鴉城松本，以及犬山、彥根。姬路城與松本城都是著名的城堡，同時也是重要觀光勝地，而犬山及彥根兩座城就比較少人知道，規模也很小，所以幾乎沒有外國觀光客前去，可是這兩座小城堡，春天櫻花卻開得令人驚豔！

我曾經在春天路過犬山城，那座城堡小得可憐，但是城外的櫻花林卻開得燦爛，櫻花的豐滿輝煌，幾乎將小小的犬山城掩蓋，那一剎那，我突然了解到，人類的野心與企圖，在大自然的美麗之下，是何等的渺小與不配！人們費盡心思，試圖建造堡壘、與鄰國爭鬥，但是時間流逝，城堡卻不敵櫻花的榮美，被掩沒在花海之中。

彥根城也是被櫻花包圍的城堡，不過這座國寶城被櫻花包圍的方式非常不同，彥根城有護城河，護城河上就是高聳的城牆，原本城牆上應該是

彥根城

地址：滋賀縣彥根市金龜町1-1
電話：749-22-2742
營業時間：8:30-17:00
交通：搭JR琵琶湖線在「彥根」下車。

彥根城是被櫻花包圍的國寶城。

站滿著身著盔甲，全副武裝的士兵，但是彥根城的城牆上，卻種滿了櫻花樹，而且是老欉的枝垂櫻，枝垂櫻的特性在於其枝幹會下垂，特別是水邊的枝垂櫻，櫻花枝幹都會下垂趨向水面，因此彥根城的櫻花樹，枝幹從城牆上往下垂，幾乎接近護城河的水面，感覺如果敵人乘船在護城河上，或許可以攀著櫻花枝幹爬上城牆；圍繞著護城河外的也是整排的櫻花樹，每當櫻花盛開之際，城堡內外都是滿開的櫻花，遠遠望去，整座城就快被櫻花樹所包覆。

彥根城的櫻花燦爛，讓我想起英文老歌〈Where Have All The Flowers Gone〉，歌詞描述花朵被女孩摘走，女孩後來跟著男人走了，男人卻勇赴戰場，最後戰死埋葬，時間飛逝，埋葬軍人們的墓園，後來長滿了花朵。原本是為了戰爭防禦的城堡，最後所有的武士都歸塵土，只有櫻花樹依然年年燦爛，甚至用美麗的力量，征服了高聳的城牆與堅固的堡壘。

繞過護城河，進入城堡內，我也跟遊客一起攀上城牆，在櫻花林中眺望城外的景致，很多日本人在櫻花樹下野餐，小孩們就肆無忌憚地爬上巨

護城河上，原本應該站滿守衛士兵的城牆，如今卻開滿了櫻花。

石堆砌的城牆，在沒有圍籬的城牆上跳躍玩耍，害我一直替他們擔心，深怕一個不小心，會有人從高聳城牆上跌落護城河。

他們的父母似乎並沒有意識到任何危險，城牆上的櫻花林太美麗，讓人很容易就忘記危險、忘記死亡，甚至將美麗與死亡聯結在一起，產生了類似三島由紀夫那種將死亡當作一種人生美學的想法；在〈憂國〉一文中，三島由紀夫將切腹死亡描寫得十分唯美，甚至是近乎一種詩意美學，最後他也走上切腹自盡的死亡之路。

渡邊純一的《失樂園》小說，描寫不倫的愛情，最後也是在輕井澤的溫泉旅店，美食情欲的高潮中，結束兩人的生命。這種將死亡美化的哲學觀點，一直存在於日本文學生活中，文學家的自盡、武士的切腹，是將結束生命視為生命創作的一部分，一種暴烈式的死亡美學，對於尊重生命的西方基督教人士而言，是不可思議的舉動。

城牆上的櫻花林太美麗，讓人很容易就忘記危險、忘記死亡，甚至將美麗與死亡聯結在一起，產生了類似三島由紀夫那種將死亡當作一種人生美學的想法。

二次大戰末期，當日軍大舉以神風特攻隊自殺戰機攻擊美軍戰艦，陸軍則不斷進行「玉碎」式的自殺攻擊，讓美軍無法置信，認為日本人真的

是瘋了！因此也開始探討日本人的奇特生命哲學。

近江八幡的藤森怪房子

近江八幡是一座歷史悠久的水都，位於琵琶湖，非常方便引水修築運河，因此在近江八幡城鎮裡，到處可以見到密布的水道，這些大小水道有些以前是護城河、有些是運河，大小不一的水道組構成一個迷宮般的網絡，有人甚至將這裡稱作是日本的水都威尼斯。遊客可以搭乘小船，穿梭在運河水道之間，欣賞城鎮古老建築之美；特別是在春天櫻花盛開之際，運河兩旁櫻花盛開，穿梭花海之間，如夢似幻，叫人不敢相信這是現實世界！

近江八幡被稱作是日本的水都威尼斯。

近江八幡開化很早，早年就是商業鼎盛的城鎮，後來美國傳教士兼建築師威廉·梅瑞爾·沃里斯（William Merrell Vories）來此傳教，建立了近江

兄弟社，他的傳教哲學跟其他傳教士不同，他不用發放麵粉、施捨慈善來引人入教，而是一面宣教，一面建立企業，幫助信徒建立經濟基礎，有點類似現在的某種社會企業，其中最重要的企業就是取得小護士面速力達母的代理，在日本製造與販賣。

沃里斯對近江八幡的貢獻卓著，他不僅為當地帶來心靈上的信仰、經濟上的富裕，同時也設立學校，教導西方語言文學，甚至影響了當地人的生活風格，所以當地人在近江八幡市中心區，為這位多才多藝的傳教士立了一尊銅像，紀念他的貢獻。

這讓我想到來台宣教的馬偕博士，同樣是多才多藝，又極富愛心的傳教士，他來台宣教，落腳淡水，不僅傳教、醫病，也設立學校，更鼓勵女子就學，改善婦女地位，可說是為早年兩性平權貢獻卓著，後來人們在淡水鎮內，也為馬偕博士設置銅像紀念他。

沃里斯與來台的馬偕博士有許多相似之處，他們都取當地女子為妻，並且都設立學校；沃里斯與其妻一柳喜滿子所設立的近江兄弟社學園，和

近江八幡受西化影響很早，因此有許多和洋混合的建築。「白雲館」為昔日的八幡東學校，現為觀光資訊中心。

止まれ

台灣的淡江中學是經常合作交流的對象，淡江中學正好是馬偕博士所創立，而且馬偕博士過世後，正好安葬在淡江中學內。

有趣的是，當年這些傳教士，很多都是專精於建築或是醫學，也就是說，他們除了研究《聖經》哲學之外，都有另外專門的技術，所以當他們來到宣教地，不只是為當地居民帶來信仰的福音，也在實質生活上，幫助當地居民改善他們的生活，或是醫治他們身體的病痛；正如耶穌基督在世，不僅傳講天國的福音，也照顧信徒生活，為他們醫病趕鬼。

傳教士沃里斯對近江八幡的影響頗深，在城鎮中可以看見許多洋樓建築，多為他所設計建造，被稱作是「沃里斯建築群」，事實上，當時他在日本也設計建造了許多建築，作品將近有一千六百件，包括同志社大學啟明館、日本基督教團大阪教會、京都東華菜館等，可說是位非常傑出的建築師。他在生活上所帶來的影響，還包括甜點的製作與推廣，日本各地只要曾經有外國傳教士駐在過的地方，幾乎都有很棒的甜點特產，例如長崎地區、神戶蘆屋地區，甜點蛋糕都非常精緻有名，近江八幡也有許多誘人的甜點，其中最有名的是CLUB HARIE，專門生產年輪蛋糕與銅鑼燒。

這家甜點公司這幾年聘請有「建築頑童」之稱的建築教授藤森照信，為他們設計La Collina分店整個園區與其中的建築，藤森照信發揮童心，並考量與自然的結合，建造出一棟有巨大綠色植栽斜屋頂的古怪建築，「La Collina」義大利文原意就是「小山丘」，所以整個斜屋頂真的就像是一座山丘般，山坡上種植的草地，隨著季節變換，也會有不同顏色的改變，就像是大自然的景色一般。藤森照信的建築一直都是「反建築」的，意即他反對一般工業化、大量生產的制式建築，他希望回到手工年代，用雙手、自然素材，來完成他的建築作品，因此有人將他的建築，稱作是「野蠻建築」。

過去藤森照信所設計的都是小型的建築，包括茶屋、紀念館與美術館，因為他的建築講究可以手工打造製作，好像繩文時代的祖先們所做的一般，他之前所設計的秋野不矩美術館可說是最大的作品了，但是與La

Collina的建築群相比，仍然是小巫見大巫！

看見藤森照信的作品不斷放大，令人有些無法習慣！不過這樣的建築，仍舊保有一種藤森式的童趣，以及與大自然呼應的野蠻本質。走進這樣的建築，讓人有進入《魔戒》哈比人的家一般，那種類似覆土建築的生態住家，整座建築其實是與大地融合一體，隨著自然界四季變換而轉變。La Collina的庭園也呈現出一種藤森式的枯山水，在藤森照信的設計中，傳統的禪意與茶道都有了全新的表達方式，撤去繁文縟節之後的設計，似乎更接近原本千利休所提倡的茶道精神，與樸實的自然共生。

在藤森照信的想像中，建築不是工業生產、地產炒作的商品，而是一種與自然結合的物件，他的建築上面經常有覆土，種植草皮或花草樹木，隨著時間演變，自然植物會生長茁壯，讓建築物更為低調，最後隱藏消失在自然界中。這種童趣的想像與奧地利素人建築師百水（Friedensreich Hundertwasse）先生，有異曲同工之妙！

在La Collina內喝著咖啡，品嚐年輪蛋糕，白色牆上的黑點好像螞蟻一

CLUB HARIE甜點公司邀請「建築頑童」藤森照信，為他們設計La Collina分店整個園區與建築。

般，其實是黑炭的碎片，不過螞蟻正是這裡的吉祥物，螞蟻愛甜食，讓螞蟻一起共生享用應該不為過才對！室內牆上還有一整面各式各樣的木製餅模，好像早年台灣那些餅家做月餅的模子，讓人看了很有親切感！

甜點對於旅人總是有療癒的作用！我想到將近一百年前，一個外國人來到這裡，竟然為這個城鎮帶來許多美好的事物，享用甜點咖啡之際，我突然覺得近江八幡真是個幸福的水鄉！

La Collina近江八幡

地址：滋賀県近江八幡市北之庄町615-1
電話：0748-33-6666
營業時間：9:00-18:00（1月1日公休）
交通：由JR近江八幡站，搭乘6號往「長命寺」公車，在「北之庄」下車。

平等院鳳翔館位於世界遺產旁，設計手法低調卻富禪意。

平等院鳳翔館

逃離京都的路徑，除了去琵琶湖近江地區之外，也可以到宇治去遊走漫步。宇治距離京都很近，聽説整個京都的水脈往南流去，最後匯集在宇治地區湧出，所以宇治的水量與水質都很棒，非常適合製作清酒。喜歡世界遺產的人來到宇治，都會去看看有名的平等院鳳凰堂，這座形態優雅的建築，不僅被列為世界遺產，也被放在日本十元硬幣上，成為大家最熟悉的歷史建築之一。

不過喜歡建築的人，可能更想去看世界遺產旁的新建築——平等院鳳翔館，這座由建築師栗生明所設計的博物館，基本上是為了收藏鳳凰堂的古物（包括原本建築上那對金鳳凰、古佛像，還有梵鐘）而設計的。想要在世界遺產建築旁蓋一座新的博物館，可説是一項艱難的挑戰，因為這座博物館不能太過於誇張或顯眼，否則會搶走原本建築的風采，招來眾人的批評與責罵，所以高松伸在設計東本院寺參拜接待所時，雖然以往的設計風格強烈，

也不得不收斂低調，將整座參拜接待所放入地底下，不敢露出地面。

建築師栗生明是一位優秀的現代建築師，他曾經設計了長崎原爆祈念館，也是將整個建築放入地底下，地面上只留著一個圓形水池，讓人們繞過水池，在進入地底下，這個過程可以讓人們心境沉澱，安靜地面對過去的種種悲哀與逝去的幽魂。

在平等院鳳翔館的設計中，栗生明也是極其低調與沉靜，他使用清水混凝土打造出一座類似地下碉堡的博物館空間，幽冥的室內空間，保護古物不至於受到光害，同時也呈現出一種谷崎潤一郎在《陰翳禮讚》裡所談到的陰闇之美，藉著微弱的打光方式，讓古物呈現出一種神秘的光澤，也讓所有的參觀者在看過華麗的鳳凰堂之後，進入暗黑的博物館空間，心靈在寧靜中，重新被古物的美麗所震懾！

我喜歡看著那對在黑暗中閃亮金色光輝的金鳳凰，讓我想到一種具有魔法的地窖，保護著這對神奇的金鳳凰，或許在某個特殊的時刻，金鳳凰會展翅飛翔，回到原本鳳凰堂建築屋頂之上！

平等院鳳翔館

地址：京都府宇治市宇治蓮華116
電話：774-21-2861
營業時間：8:30-17:00
交通：⑴乘坐JR奈良線至「宇治」下車。⑵乘坐京阪電鐵宇治線至「宇治」下車。

近江牛與宇治百年茶屋

來到近江地區，總要去嚐嚐美味的近江牛，近江牛被譽為是日本三大和牛之一，明治初期在滋賀縣附近批發近江牛起家的「松喜屋」，可以吃到各種頂級近江牛的料理套餐。牛肉當然美味，更令我好奇的是，在近江地區的松喜屋餐廳，房子是歷史悠久的老木屋，但是所有的侍者女僕都穿著正式的西式服裝，可見西方文化在維新之後的影響。吃牛肉是西化之後的事，因此牛肉餐廳服務生也都要穿著西化的服裝，而且在這個地區吃近江牛，即便是日式的壽喜燒，都要搭配紅酒，非常有趣！

我想到日本人的婚禮也是如此，所有的賓客都是戰戰兢兢，男賓穿燕尾服，女賓穿禮服，都是正式而認真的！日本人的學習認真又徹底，不像我們隨便又馬虎，常常自以為聰明，只有學到一點點的皮毛，就以為自己夠了，搞得什麼都四不像，既學不到表面，更遑論內裡的精神！

吃個近江牛，不只是牛肉好吃就好，整個餐廳氛圍、侍者的態度服

松喜屋本店

地址：滋賀県大津市唐橋町14-17
電話：077-534-1211
營業時間：11:30-15:00/17:00-22:00
交通：(1)搭JR琵琶湖線在「石山」下車。(2)搭京阪電車在「唐橋前」下車。

裝，佐餐酒的挑選，都呈現出這家餐廳的認真與否。嘴裡吃著美味的近江牛，我的內心卻對日本人的敬業與認真肅然起敬！

漫步在宇治街頭，很容易看見一棟古老的木屋，門上掛著白色布簾，布簾上畫著圓圈，圓圈中央有十字，旁邊寫著「中村藤吉本店」，就是宇治百年的茶屋老鋪。在酷熱的夏日走進這棟老木屋，感覺身體與心靈頓時清涼許多，老屋內隱藏著寧靜的庭園，園內種植兩百年的松木，雖然遊客大多時候需要等待，但是望著庭園美景，等待出乎意料地，並不會令人感到焦躁，或許這也是老房子與庭園的神奇魅力吧！

大夥兒在百年木屋裡，望著寧靜的庭園，吃著招牌的抹茶冰品，感覺夏日的燥熱之氣全消，即使坐在門廊下，不用吹冷氣，也可以感覺涼意；抹茶的苦澀、蜜紅豆與奶油霜淇淋的甜蜜，交織成一種人生甘苦的拼盤。

其實自然四季也是如此，在盛夏苦熱中，可以找到川畔的清涼；寒冬酷寒裡，也可以找到白雪的純美！人的生命中沒有完美，總會有傷痛、總會有不如意，不完美其實是生命的常態，但是在這樣的苦樂參半中，能夠保有一顆平靜安穩的心，卻是最重要的！

中村藤吉本店

地址：京都府宇治市宇治壱番十番地
電話：0774-22-7800
營業時間：茗茶賣場10:00-18:30／茶室10:00-18:30（最後點餐17:00）
交通：可從JR奈良線「宇治」下車，或從京阪線「宇治」下車。

七、閱讀的京都

Reading Places in Kyoto

京都這樣的城市，瀰漫著不同的空氣，
能夠一邊呼吸著這裡的自然空氣，
一邊閱讀文學詩詞，
你才能夠真正認識京都，真正與京都頻率接軌。

惠文社一乘寺書店

京都這座千年古城至今仍然令人流連忘返，不只是因為它有許多散發思古幽情的歷史建築，也是因為這座城市本身就是活生生的文化博物館。在京都城市角落裡，很容易找到許多雅致精巧，卻又悠閒自在的個性商店，特別是古老木屋中的咖啡館、播放著慵懶爵士樂的古董店，以及充滿詩意的安靜書店等等，都是京都這座城市吸引觀光客一來再來的重要元素。

叡山電鐵是京都市區少數的路面電車之一，這條電車路線通往比叡山，夏天搭乘這輛電車可以進入森林避暑納涼，秋天則可以搭乘賞夜楓的電車，欣賞山林間楓葉的絢爛多彩。叡山電鐵從出町柳發車，前幾站都在平地社區間行駛，也成為附近京都大學、京都造形藝術大學等學校師生通勤的最佳選擇，因此有些類似東京荒川都電之於早稻田大學師生之關係，也讓這條路線多了一些學院氣息。

從出町柳搭乘叡山電鐵，車上都是京都的大學生或中學生，感覺自己位於京都左京區的惠文社一乘寺分店，完全顛覆傳統書店的經營概念，店裡的書不是「只要是新書就上架」，而是傳遞著懷舊與慢活的氛圍，希望營造出令書店顧客意想不到的美麗邂逅。

又回到了學生時代，不是上下班時間，車廂內還不算擁擠，兩、三站就到了一乘寺車站。小小的車站只有月台，也沒有車掌查票，大家悠閒地下車，各自走入車站旁的巷道裡，然後會在車站旁的廣告看板上看見「惠文社一乘寺店」的廣告，這間書店是最近京都最熱門的另類書店，也成為京都觀光的重要人文景點。

位於京都左京區的惠文社一乘寺分店，雖然是老書店的分店，卻完全顛覆傳統書店的經營概念，店裡的書不是「只要是新書就上架」，而是由店員精挑細選的特別書籍，這些書都是設計感十足，傳遞著懷舊與慢活的氛圍，希望營造出令書店顧客意想不到的美麗邂逅，如果真的要定義這家書店，應該稱之為「關於書籍種種的精品店」。

進入這家書店，很容易陷入一種文學與藝術的沉思中，那些精緻富特色的小東西，也讓人流連忘返。而惠文社一直還保存著只要買書店員就會幫你包書衣的習慣，書衣的圖案是由漫畫家久內道夫所設計，簡單的圖案、沉穩的色彩，目的是希望不要搶了書本內容的風采。包書衣這件事

KEIBUNSHA ICHIJOJI
BOOKS,
GIFTS &
SOMETHING FOR LIFE

情，至今在京都許多書店都依然存在著，我想到小時候拿到新書，不管是教科書或是課外書，父親都會小心翼翼地，幫我把書本包上書衣，我依稀還記得他包書衣的純熟動作，以及書本紙張散發出的清新味道。為新書包上書衣，一方面是對書本的珍惜與愛護；另一方面，也是一種含蓄的表現，好像京都人的性格，不張揚、內斂而沉靜。

包上書衣，搭乘電車或公車時，就不會讓人都知道你在讀什麼書，因為讀書這件事是很私密的，閱讀是你自己腦袋裡的活動，你不會希望讓大家都知道你的思考與內在想法。其實個人的書房也是很私密的，有人說，「你如果想了解一個人，就去看看他的書房」，書房對我而言，好像腦袋裡的空間，有人進入我的書房，會讓我覺得似乎是入侵我的腦袋一般。

現代人可能少有這樣的想法，特別是那些網紅美少女們，總是會在拍照時擺著一本書，讓人家覺得她很文青或有氣質，這是完全不同的想像。京都人的小小閱讀習慣，透露出這座城市的特殊性格，為新書包上書衣，至今我還是很懷念，深深覺得這是既溫柔又美好的動作！

惠文社書店一乘寺店

地址：京都市左京区一乘寺払殿町10
電話：075-711-5919
營業時間：10:00-21:00
交通：(1)搭叡山電車於「一乘寺」下車。(2)搭乘京都市營巴士206至「高野」。

在電車上閱讀對於日本人而言，是很普通平常的事，特別是在叡山電鐵車廂裡，因為乘客多為附近學生，所以更常見到閱讀中的乘客，你可以說叡山電鐵平常算是京都非常文青的一條電車路線。最有意思的是，每年季節活動中，一乘寺書店還被邀請在叡山電車上販賣舊書，並播放黑膠唱片，旅客一邊搭電車，一邊還可以聽音樂、逛舊書攤，別有一番滋味！這樣的文青書店列車，大概只有京都這樣一座城市才可能出現吧。

老舊建築改造的簡單書店，卻可以營造出一種獨特的書香氛圍，沒有豪奢的裝修，靠著文化的底，卻也能吸引許多人前來。這就是京都城市文化的魅力！

蔦屋書店岡崎分店

蔦屋書店在不同的城市，都有不同的特色，位於京都的蔦屋書店，當然具有京都的氣質與氛圍。京都蔦屋書店岡崎分店，這座建築原來是前輩建築師前川國男所設計的京都文化會館，已經是日本近代建築史的經典之一。

建築後來改為ROHM Theatre Kyoto，有演藝廳等文化設施，是京都重要的文化藝術聚點。蔦屋書店一樓是書店、咖啡店，二樓是洋食館，二樓餐廳Kyoto Modern Terrace，顧名思義，就是一處京都富摩登感的空間，現代的建築，現代感的裝飾、燈飾，加上依照時節布置的花藝作品，讓整個空間既現代又古典，氣質非常優雅，感覺得出京都特有的文化氛圍。二樓外還有平台，可以包場辦戶外派對，在假日非常熱門。

京都文化會館與東京文化會館的角色十分類似，兩座建築都是前川國男所設計的現代主義建築，在當時可說是十分前衛現代的公共建築。前川國男師承現代建築大師柯比意，因此他的作品充滿柯比意的建築語彙與風格，這樣的建築放在東京或許還滿適合，但是放在京都這座古典的城市裡，卻讓人擔心是否會破壞了城市的文化氣質，事實上，這個疑慮很快就消弭了，我想是因為這樣的清水混凝土建築十分低調，而且建築物低矮，並不像高聳的大倉飯店那般破壞京都的天際線，而且前川國男的現代建築多少都希望融入些許的東方意象在其中，或許是如此，京都文化會館並沒有引起太多的抗議與反彈。

東京文化會館位於上野公園內，而京都文化會館則位於岡崎公園內，都擁有寬廣的腹地，讓市民可以優遊漫步，周邊開放空間的確也成為京都假日市民休閒活動的好地方，彌補了書店內部空間不足的限制。事實上，在春秋之際，許多人喜歡在書店內買本書，買杯咖啡，坐在建築物周邊迴廊設置的咖啡座上閱讀，那是一種與自然空氣融合的舒服閱讀空間；京都這樣的城市，彌漫著不同的空氣，能夠一邊呼吸著這裡的自然空氣，一邊閱讀文學詩詞，你才能夠真正認識京都，真正與京都頻率接軌。

假日的蔦屋書店外，經常有各種市集活動，有人帶著狗來散步閒晃，也有人騎腳踏車經過，就進來逛逛；書店與演奏廳中間的廣場上，聚集了許多年輕人，他們穿著相同顏色的衣服，說是要去參加一個熱門音樂團體的演唱會，我忽然醒悟：有時候觀光客總是一廂情願，以為京都是古

京都文化會館與東京文化會館，都是日本現代主義前輩建築師前川國男的作品。

蔦屋書店
TSUTAYA BOOKS

都，每個人都應該是文質彬彬、氣質優雅，卻忘記京都其實也是個「學生城」，這座城市有很多學生居住其中，年輕學生當然有其愛好與熱情，本來就會有屬於年輕人的種種活動。

京都這座古城與威尼斯古城最大的不同，就是京都是一座活生生的城市，有居民住在其中，過著日常的生活；但是威尼斯卻已經死亡，水都威尼斯幾乎已經沒有居民，所有的店家服務人員都是早晨才坐船進入威尼斯，然後迎接觀光客的湧入，整座城市根本就是迪士尼一般的樂園，是一座道具城市。作為一座活生生的城市，京都其實很歡迎學生的進駐，學生們也為這座城市帶來活力與青春氣息，讓這座城市不至於死氣沉沉。

我忽然覺得，能有機會在京都當學生是何等幸福！在年少時期來到京都，在這座優雅古城度過青春期，又是何等幸運又奢侈！此時我第一次羨慕我的父親，他可以在少年時就在京都求學，在這座古典的城市巷弄穿梭，我想這是他老年時都會回味的時光吧！

蔦屋書店岡崎分店

地址：京都市左京区岡崎最勝寺町13
電話：075-754-0008
營業時間：08:00-22:00
交通：(1)京都市營地下鐵東西線「東山」1號出口。(2)京阪電車京阪本線「神宮丸太町」2號出口。

蔦屋書店
TSUTAYA BOOKS
1F
蔦屋書店
8:00—22:00

高瀨川畔一棟不起眼的廢校裡，竟然隱藏著一間安靜的咖啡館。

廢棄學校咖啡館

京都最棒的地方就是時間靜止的空間，這座城市似乎被下了魔法，或是當年陰陽師安倍晴明為了保護京都不受邪魔攻擊，把這座城市籠罩在他的魔法保護傘之下，以至於這座城市猶如睡美人的城堡，在時間洪流中停止，不再改變。

京都市區從三条沿著高瀨川而下，可以看到一座小學校，門口寫著「京都市立立誠小學校」，雖然是學校，但是看起來已經廢棄許久，仔細觀看，可以發現校門旁有富商角川了以的紀念碑，他推動開鑿高瀨川運河有功，京都人特別在此立碑紀念他。另外可以看見有「Traveling Coffee」的招牌，許多人在門口覺得遲疑，不敢直接進入學校，我記得我也曾經在門口遲疑，許多年後才鼓起勇氣進入學校裡。

這座建築是大正時期的產物，九〇年代因為少子化的關係，終於走上廢校的命運，但是學校校舍算是完好，因此被保留作為地方文化活動

月 日 曜
月行事予定表
記事
職員動静
出張
時間
用務先
用務内容

立誠シネマ
TRAVELING
COFFEE

立誠小學校
Traveling Coffee

地址：京都市中京区東入備前島町310-2
電話：080-3853-2068
營業時間：11:00-20:00
交通：(1)搭阪急地鐵至「河原町」下車。
(2)搭京阪地鐵至「四条」下車。

中心，偶而放映電影、舉辦藝術展覽活動（事實上立誠小學校也正是「日本映畫原點之地」）。從大門進入學校，真的好像進入某種廢墟學校恐怖片場景，推開辦公室的木門，發出尖銳的喀喀聲，辦公室保留以往教師休息室的樣子，牆上增加了一些學校歷史圖片與傑出校友的照片，講台前的桌子是咖啡店老闆手沖咖啡的地方，那些咖啡道具乍看像是化學老師做實驗的瓶瓶罐罐。

　廢棄學校像是一具巨大的神獸軀殼，等待著新的靈魂注入，重新啟動它，咖啡香就是那漂浮的靈魂，為這座廢墟帶來新的生命。（我一直覺得咖啡香具有某種魔力，可以讓老建築起死回生，至少咖啡的味道驅趕了老房子裡陳腐的霉味。）

現為咖啡館的教師辦公室，地點就位於整座學校最中心的位置，可以感受到昔日這所學校還是以中央管理為重點，老師及行政人員辦公室放在學校最重要的位置。從現代主義「集中化」管理的觀點來看，這樣的配置並不叫人意外，在現代主義效率的觀點下，所有孩童集中在學校管理，犯人集中在監獄管理，工人則被集中於工廠管理，說是教育的場所，學校其實比較像是集中管理的場所。

這樣的空間讓我想到小學時的光景，我的小學是台北百年的士林國小，當年依然存在著老舊的日式校舍，宏偉的紅磚禮堂，以及大象溜滑梯，我想到那些在校園外掃區域玩鬧的時光，在教室無聊拉前座女生髮辮，惡作劇被老師處罰的時刻，還有老舊校舍偶而會有老鼠失足，從天花板墜落，引起全班驚叫譁然的情景。

京都街區的老學校，最後只剩一片空寂，還好有咖啡香彌漫其間，陽光從窗戶灑下，光影在地板上緩慢移動，京都的老建築裡，時間是靜止的。

迷子與GOSPEL

我喜歡京都的老房子，喜歡在老房子裡閱讀。

老房子是京都重要的資產，在京都這座城市，老房子似乎都有特權，可以活得正正當當、活得十分光彩！在老房子裡，時間似乎是靜止的，你可以從容安靜地閱讀，恣意地享受閱讀的時光。

人們到銀閣寺、到哲學之道，總會到附近商店街，吃吃和菓子、喝喝抹茶或咖啡，我卻不愛那些觀光客去的商店，總會走遠一點，遠離人潮，看看有什麼令人驚喜的地方！離哲學之道不遠的街道，遠遠望去可以看見一座牆壁爬滿常春藤的洋樓，兩層樓的住宅建築在轉角處有一座塔樓，是這棟建築的特色，讓人很難不注意到它！

這座建築原本是傳教士的住宅，後來保存下來，一樓是稱為「迷子」的古董店，二樓則是「GOSPEL」咖啡館，上到二樓才發現那座塔樓的空間，剛好是一處類似包廂的咖啡座，整個咖啡店都是古董老家具。更令人驚喜的是，這間咖啡店有一整牆的黑膠唱片，邊喝咖啡邊聆聽黑膠唱片溫潤的爵士音樂，感覺自己陷入另外一個時空。

在洋樓建築裡喝咖啡是理所當然的，讓人想像當年遠渡重洋來到東瀛的宣教士們，是如何在這樣的建築裡，懷念自己家鄉的種種。不過，穿著和服來洋樓喝咖啡就很特別，許多日本女生喜歡穿著花色優雅的和服，氣質優雅地在GOSPEL喝咖啡，那個畫面非常唯美，卻不會感到突兀，是一種類似大正浪漫的風情！

大正浪漫時期，正值二十世紀初，西洋流行事物逐漸傳入日本，一種和洋混合的風格逐漸出現在日本生活中，那是一種摩登浪漫的象徵，也是一種文化混血的有趣年代。所以後來在日本出現了許多有趣的風格組合，例如在百年町屋裡聽爵士樂喝咖啡，或是穿著和服在西洋古典建築裡吃蛋包飯的畫面。

我在GOSPEL咖啡館裡，聽著真空管音響播放的爵士音樂，看見兩位穿著和服的少女在咖啡館內，邊喝著咖啡邊滑著手機，感覺這不僅是大正

迷子古董店與GOSPEL咖啡館

地址：京都市左京区浄土寺上南田町36－F、2F
電話：075-771-4434
營業時間：13:00-21:00，每週二休
交通：搭市營巴士5、17、32、100、102、203、204於「銀閣寺前」下車。

Coffee Pub House
GOSPEL
(旧OTENBA KIKI)
2
Antiques
迷子
Tea room
1F

聽著真空管音響播放的爵士音樂，看見兩位穿著和服的少女在咖啡館內，邊喝著咖啡邊滑著手機，這不僅是大正時期的浪漫，融合了現今最流行的手機科技，穿越了百年的時空，整個融合在一個小小時空。

時期的浪漫，更融合了現今最流行的手機科技，可以說是穿越了百年的時空，整個融合在一個小小時空。對少女們而言，她們或許也沒有多想什麼，她們只是想說，來到京都當然要穿和服，當然要到有特色、有歷史氛圍的咖啡館喝咖啡，喝咖啡滑手機更是現代人再普通不過的事情，就這樣，在京都這座城市，不同的文化與時代揉合混血，產生了一種京都特有的趣味。

其實我非常欣賞這樣富文化氛圍的畫面，當然如果少女手中是捧著一本書，而不是滑著臉書，可能會更叫我心動！那會讓我想到印象派畫家雷諾瓦畫作中的讀書女孩，有一種悠閒穩定的自在。在這樣的歷史建築中，呼吸著文化的空氣，會讓人忍不住想好好的閱讀，我常想如果在這樣的洋樓裡，閱讀《咆哮山莊》、《簡愛》或《小公主》等西洋名著，應該會更有味道吧！

樓下的「迷子」古董店也別有洞天，販賣著西洋古董趣味物件，感覺像是充滿魔法神秘的地方，小小的櫃檯，還是有給顧客喝茶的座席，老房

「迷子」古董店小小的櫃檯，還是有給顧客喝茶的座席，老房子裡賣老東西，感覺非常有說服力。

子裡賣老東西，感覺非常有說服力。雖然我們都知道這些西洋古物，不一定都是京都的東西，但是洋樓建築卻會讓人願意買單。京都賣古物的商店很多，大部分也都是設在老建築內，好幾次看見喜歡的古物，都會忍不住想要買單！但是冷靜下來，才發現自己不過是受到老建築環境的魅惑。

老建築的確有某種魅力，一種神奇的魔力，讓每個進入其中的人，都感受到屬於這座城市的文化氣息；老房子讓京都整座城市充滿魅惑磁性，許多城市我只會去一次，就覺得不需要再去了！但是京都卻有種魔力，不斷地召喚著我，讓我一而再、再而三地想要回到這座城市！

2F GOSPEL

八、鐵道的京都

Railways in Kyoto

電車通過櫻花隧道之際，
也讓人有一種前往極樂世界的奇幻感受，
難道這輛穿越花海的電車，最終會開往夢幻天堂？
京都的美經常給人一種極致的不真實感，
美到讓人無法呼吸，讓人無法忍受……

復古典雅的藝術車站

一般而言，火車站總是被認為是一個功能性的建築物，卻忽略了火車站其實也是一個情感性極強的建築物，許多人生中的悲歡離合、生命中的關鍵時刻，其實都發生在火車站，因此我一直認為火車站是城市中最需要保存的歷史建築之一，因為火車站建築儲存了許多市民的生活記憶，是城市集體記憶的儲存所。

京都因為引琵琶湖疏水的工程，也建立了發電廠，所以京都可說是最早有路面電車的城市，不過隨著地鐵發展，京都路面電車目前只剩下往鞍馬、貴船山上的叡山電鐵，以及前往嵐山的嵐電。

京福電鐵嵐山線（俗稱嵐電RANDEN），可以搭乘前往嵐山地區，是賞櫻度假的名所。嵐山車站作為旅遊觀光勝地的火車站，特別設計為一座具有觀光特色的復古車站，以搭配嵐山地區優美自然與古典建築的氛圍。

嵐山車站由設計師森田恭通打造了一座公共藝術作品「著物森林

（Mikono Forest）——京友禪的光林」，他以京都傳統和服染色技術「京友禪」，結合京都寺廟迴遊式庭園意象，讓整座車站充滿復古與典雅的京都之美。這些花樣鮮豔美麗的「京友禪」光柱，在夜晚點亮時，更讓車站整個幻化成京都古典的詩意異境，令人陷入一種迷離的光影迷宮。

沿著絢麗的「京友禪」光柱前進，可以繞車站一周，沿途還有一座「龍池」，中央設置著一顆龍珠，這種古典卻又前衛的公共藝術作品，竟讓我想到卡通動畫《七龍珠》的古怪畫面，不過鐵道上駛來的復古電車，紅黑白相間的車身設計，卻又活像是漫畫裡跑出來的可愛電車。事實上，嵐電也經常結合行銷活動，推出不同塗裝的電車，例如最近就與咖啡店Tully's Coffee合作，推出紫色的咖啡電車，令人驚豔不已。

嵐山車站除了美麗的公共藝術作品之外，車站內還有一座足湯，讓等待電車的遊客可以泡泡溫泉，享受優遊的緩慢電車情調。特別是在初春之際，空氣依然冷冽刺骨，如果可以將雙腳浸泡在熱呼呼的溫泉裡，整個人都從心裡火熱起來。對於旅人而言，在車站泡足湯，不僅可以消除疲勞，

設計師森田恭通為嵐山車站打造的公共藝術「著物森林—京友禪的光林」，沿著絢麗的「京友禪」光柱前進，可繞車站一周。

更具有心靈療癒的效果！邊泡湯邊欣賞電車進站，也成為鐵道迷最熱衷的活動。

現代的火車站多以機能性設計為主，鮮少去顧及到火車站建築帶給人們文化及情感上的感受；其實一座火車站如果可以兼顧歷史性與藝術性，可以帶給市民更多生活上的美好感受，同時也讓人們更珍惜火車站建築。

最近渡月橋廣受歡迎的是橋頭堤岸旁「%ARABICA」，由一間小房子改建，咖啡店正對河面，咖啡師每天可以一邊看著渡月橋美景，一邊沖泡咖啡，美景搭配咖啡香，讓這家咖啡店顧客大排長龍。% ARABICA是京都出品的義式咖啡館，走的是明亮、現代感的路線，第一家店開在東山，在前往八坂塔的斜坡路上，這裡可是京都古典文明的心臟地帶，想不到在這裡開義式咖啡館，竟然還是大受歡迎！

其實嵐山附近多的是老茶屋或是老屋再生的咖啡店，但是這一家新穎明亮的義式咖啡店，在渡月橋畔卻一點也沒有違和感，反而因為風景太好，成為京都非常受歡迎的咖啡店！% ARABICA並沒有什麼室內座位，小小

嵐山溫泉——駅の足湯

地址：京都市京福電鐵嵐山站內

嵐山温泉
駅の足湯
嵐山温泉

的房子裡，就只是咖啡師的吧台，以及咖啡豆的展售空間，所有的顧客買了咖啡，就悠閒地坐在河堤上，享受嵐山的美好風景。事實上，這家咖啡店最棒的view應該是咖啡師獨享的，他面對渡月橋美景，一邊手沖咖啡，一邊感受嵐山四季的變換，那種意境其實與茶道師傅在小小茶屋，一邊砌茶、一邊感受自然庭園風景十分相似。

這間咖啡館因為太受歡迎，每到春秋旅遊旺季，顧客就會沿著河邊大排長龍，有時候甚至需要排一到兩小時才能買到咖啡，我在春天來到渡月橋邊，生性不愛排隊的我，只是坐在堤岸上速寫，將這家神奇的京都咖啡館，以及一整排甘願等待買咖啡的人龍畫下來。

% ARABICA Kyoto Arashiyama
アラビカ京都嵐山

地址：京都府右京区嵯峨天龍寺芒ノ馬場町3-47
電話：075-748-0057
營業時間：08:00-18:00
交通：(1)嵐電「嵐山」下車。(2)JR嵯峨野線「嵯峨嵐山」下車。

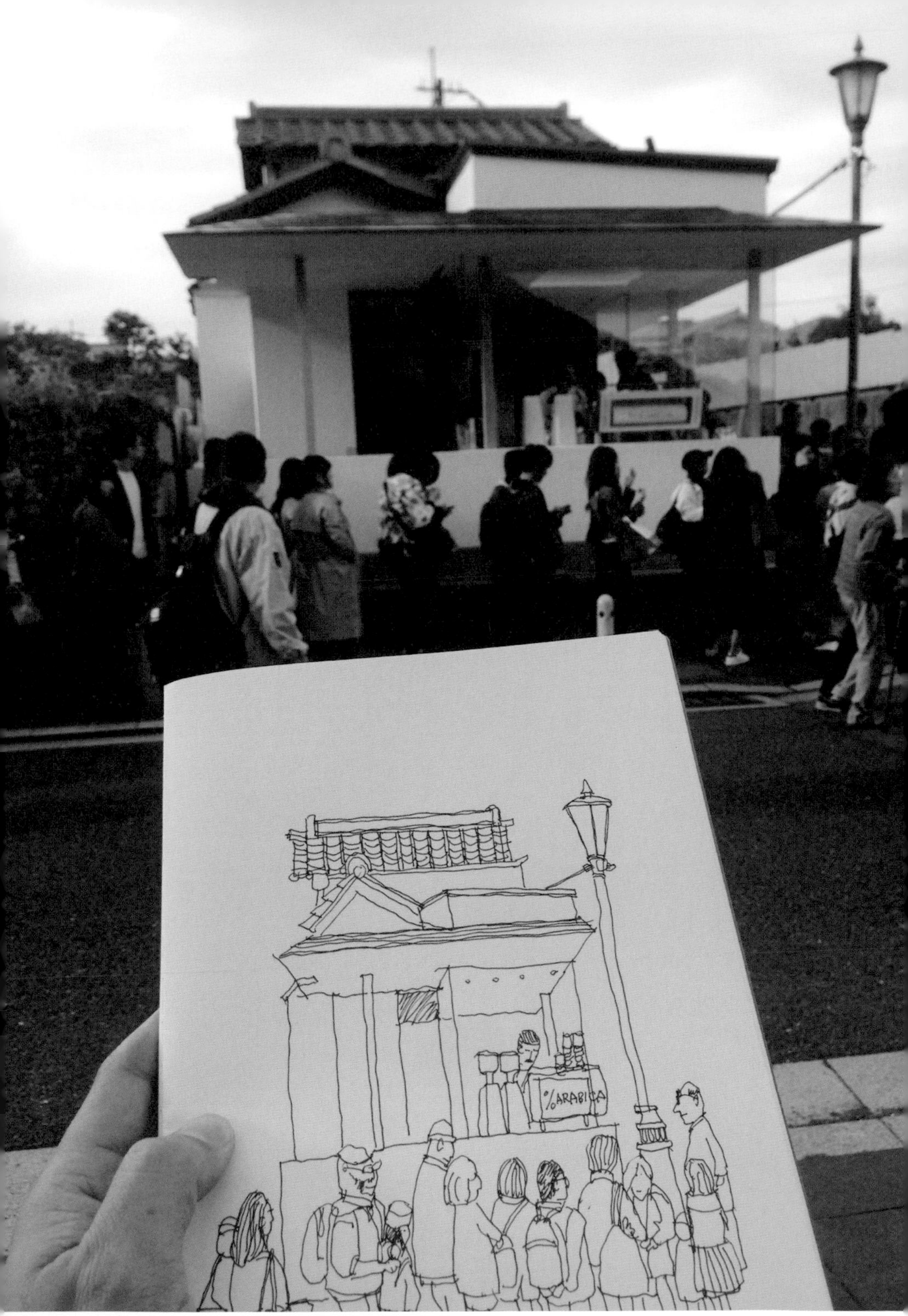
%ARABICA

京都澡堂咖啡館

而嵐山終點站前一站下車，可以前往一家澡堂改裝成的咖啡館。京都澡堂咖啡館很多，《明天，我要和昨天的妳約會》電影裡男女主角也喜歡去另一家澡堂咖啡店，這些老建築被保留下來，重新再利用，顧客們可以在老建築裡一面欣賞老建築，一面聽著爵士音樂、享受甜點咖啡，讓人忘記自己到底是在什麼年代裡？

因為過去的日本並不是每個家庭都有浴室設備，城鎮社區多有澡堂（錢湯）的設置，一般市民飯後穿著木屐，拿著毛巾，散步到澡堂泡澡，成為一般人生活的重要部分；偌大的澡堂有如去溫泉勝地泡湯一般，可以洗個痛快，卻只要付個銅板價錢，可說是非常平民化的生活享受。

隨著城市現代化，許多公寓住家多有完整的衛浴設備，因此老式澡堂逐漸在城市中消逝，漸漸看不到它們的蹤影，令人十分懷念。日劇《白天的澡堂酒》就是一齣懷念城市老澡堂風情的戲劇，這齣日劇的男主角是一

京都昔日的澡堂建築，很多被保留改裝成咖啡館或餐廳，十分受歡迎。

位業務員，他經常利用跑業務的機會，翹班去不同地區的老澡堂泡湯，享受舊日錢湯的氛圍，然後泡完湯再去喝杯冰涼的啤酒，感覺痛快極了！（雖然每次享受啤酒之際，總會接到上司來電，被臭罵一頓。）這齣日劇在每個單元介紹一個東京不同地區僅存的老舊澡堂，算是一種古蹟保存與觀光推廣的概念。

日本地區許多老舊澡堂在城市發展過程中多遭拆除，但是在懷舊保存意識盛行下，一些澡堂幸運地被保留下來，整修再利用，作為展示空間或咖啡館餐廳使用。京都市區有許多澡堂建築被保留，改為經營咖啡館，澡堂咖啡館頗受觀光客的喜愛，也成為京都的另類觀光景點。

在櫻花盛開的春天，我來到京都，搭乘京都僅存的路面電車「嵐電」前往嵐山，在終點前一站下車，走沒多遠，就看見一棟老湯屋改建的咖啡店SAGANOYU，京都澡堂咖啡館很多，不過大多感覺黑暗老舊，嵐山SAGANOYU澡堂咖啡館卻以白色為基調，呈現出和洋混合的大正浪漫美學。

整個室內空間雖然已是咖啡廳，但是昔日澡堂的瓷磚與馬賽克拼貼依

嵯峨野湯
SAGANOYU
Cafe style resort

地址：京都市右京区嵯峨天龍寺今堀町4-3
電話：075-882-8985
營業時間：11:00 - 20:00
交通：(1)從JR山陰本線「嵯峨嵐山」下車。(2)從京福電鐵「嵐電嵯峨」下車。

這家咖啡廳仍沿用原澡堂留下來的瓷磚與馬賽克拼貼，處處可窺見時代的痕跡。

然保留，用餐時還可以看見以前澡堂的洗手台等設備；原本澡堂大浴池上方的天窗，投射入明亮的光線，讓室內空間充滿明亮潔淨的感覺。

咖啡館也販賣著優質的日式雜貨，整個舊日澡堂瀰漫著咖啡香，餐點也十分有趣，日式大蔥拌炒的奶油義大利麵，上面還放著木板，木板上是兩塊豆腐，可以沾著抹茶粉及辣椒粉食用；鬆餅配合時節，放上櫻花葉及白玉麻糬，沾著紅豆鮮奶油食用，同樣是和洋混合的大正風情。

澡堂咖啡館令人懷舊，卻帶來一種慵懶、舒適的心情！

浪漫電車櫻花隧道

嵐電其實有兩條路線，一條是前往嵐山的嵐山線，一條則是前往北野白梅町的北野線，北野線上有一處是鐵道迷超愛的路段，就位於鳴瀧與宇多野之間，這一段路在春天時節會開滿櫻花，搭乘路面電車穿越隧道般的櫻花花叢，有如進入極樂世界一般，分不出現實與夢幻。

帷子ノ辻
KATABIRANOTSUJI
RANDEN
ワンマン
621
東映太秦
映画村

我常常在想，櫻花的確會給人一種夢幻的感覺，京都清水寺的大舞台，在櫻花季從上眺望，會看到底下一大片的花海，絕美的景致，讓有些人情不自禁地一躍而下，葬身在花海之間。

電車通過櫻花隧道之際，也讓人湧起一股如夢似幻的感受，難道這輛穿越花海的電車，最終會開往夢幻天堂？京都的美經常給人一種不真實感，美到讓人無法呼吸，讓人無法忍受，最後不得不像《金閣寺》裡的小和尚，忍不住一把火將金閣寺燒掉！

日本的櫻花美學就是要去擁抱、珍惜短暫的極致美感，美的極致之後，就不在乎毀滅或死亡了！因此緊接著燦爛的美感經驗之後，經常就是死亡或毀滅，怪不得這樣的賞花列車會讓我有一種通往西方淨土的感覺。

春天時節，鐵道迷會蜂擁至這個路段，集結在幾個櫻花盛開最燦爛的地點，拍攝電車經過櫻花隧道的美景。鐵道迷擠在鐵路邊拍照，太過靠近與專注，經常險象環生，因此在這個季節，鐵道公司還要加派警衛駐守鐵道邊，管制拍照的鐵道迷，以免在拍攝到極致美景之際，樂極生悲，真的前往了極樂世界。

仲夏迷宮車站

酷熱炎夏中，想到宇治去吃碗百年風味的宇治金時（抹茶紅豆冰），宇治的中村藤吉本店，有著一棟百年老屋，在老屋中吃著純正的宇治金時冰，應該可以一解京都地區夏日的熱浪。

從京都前往宇治有兩種路線，一是搭乘JR鐵道至宇治站，中村藤吉老店就在站前不遠處；另一個方法是搭乘京阪電車，在中途換車至宇治，京阪電車宇治車站離老街很遠，下車後要過橋，再走一段路才會到達。不過我卻選擇了後者，搭乘京阪電車前往宇治。

愚蠢的我為何要捨近求遠，還要在大熱天頂著豔陽，揮汗步行老街？其實只是為了去看看京都建築師若林廣幸所設計的宇治車站。若林廣幸曾經設計過南海電鐵「鐵人二十八」列車，其造型科幻感十足，讓人印象十

分深刻，令人好奇他所設計的車站會是怎麼樣子？若林廣幸出身京都，血液中留著古都的傳統基因，卻希望為古老的傳統創造出新的花樣來，他在京都設計了幾棟充滿古典機械美感的建築，被認為是「古都的異型」。

到達宇治車站時，我發現月台的鐵柱結構有著古典機械的細部，就知道若林廣幸所設計的建築到了！但是當我走進車站大廳時，卻驚訝地說不出話來，深邃的車京都建築師若林廣幸所設計的京阪電車宇治車站，有一種古文明遺跡的神秘感。

站空間，大拱圈的結構體，讓整座車站大廳充滿古典的氛圍，同時也有一種古文明遺跡的神秘感；更特別的是，雖然外頭酷熱難耐，車站內卻顯得清涼舒適。

這座車站有個天生的缺陷，就是有一條JR高架鐵道穿越這座車站，分隔了月台與站體部分，所以建築師設計時，就必須讓月台旅客下到地底，再上到地面層，以避開JR鐵道；建築師若林廣幸利用這個奇特的空間，使用拱圈造型，營造出一種奇妙的空間氛圍，讓人猶如進到一種屬於京都地區的古老神話，神秘的光線從圓形天窗射入，森林般的拱廊間，似乎隱藏著狐仙與玉兔，陰陽師穿著傳統服裝出沒於月台「改札口」，光影變幻的隱密處，幽魂般的形體若隱若現……偶然掠過頭頂的小燕子，提醒我們車站空間的真實存在，事實上，這座車站空間應該風水不錯！否則不會有燕子在此築巢。

車站通常只是旅行者進出的過渡空間，但是宇治車站卻充滿著屬於京都歷史的詩意，前往宇治老店吃冰的旅程，有了這座車站，顯得更為豐富有趣！

エスカレーターを
ご利用のお客さまへ

梅小路蒸汽機關車象塚

京都車站附近有一座梅小路蒸汽機關車博物館，儲藏了許多台蒸汽老火車的車頭，因為梅小路這裡保存有一座扇形車庫，他們就將老火車頭存放在這座扇形車庫內，每天將其中一台火車頭利用中間轉盤開出來，讓它在鐵軌上跑一跑，做一種動態的陳列與保存。

利用扇形車庫保存蒸汽火車頭是很適合的做法，台灣原本也有兩處扇形車庫，一處在台北車站，一處在彰化車站，但是台北的扇形車庫已經拆除，只剩下彰化的扇形車庫，成為台灣僅存的鐵道珍寶。梅小路蒸汽機關車博物館就是利用扇形車庫來儲存老舊蒸汽火車頭，走進扇形車庫，看見一台一台巨大的蒸汽火車頭，感覺就像是一隻隻鋼鐵巨獸般。

在扇形車庫裡，被鋼鐵巨獸們包圍，讓我想到泰國的一個傳説，相傳泰國的大象在自知將要死去之前，會自己默默地走向森林深處一個秘密的地方，然後安靜的死去，因為所有的大象都會前往那裡死去，所以這個地

扇形車庫內，古老的蒸汽火車頭被當古董般妥善地維護與保養。

方被稱為「象塚」。「象塚」是象群的死亡聖地，因此堆滿了大象的屍骸，包括成堆的骨骼以及眾多的象牙，這對於那些獵取象牙的商人而言，「象塚」就是一處堆滿財寶的秘密寶藏，如果能夠找到這個位置，就可以獲取極大的財富。

梅小路蒸汽機關車博物館從某個角度來看，其實就是一處蒸汽火車頭的「象塚」，許多地方淘汰不用的蒸汽機關車頭，都被送來這裡儲存。還好這些老火車頭來到這裡不但沒有死去，反

央倉庫
梅小路蒸気機関車庫

而被好好的維護著，還能出來活動活動筋骨，感覺像是蒸汽火車頭的養老院。京都是一座努力保存老東西的城市，不僅是保存老房子，連老火車頭也努力去保存，叫鐵道迷們十分的感動。

梅小路蒸汽機關車博物館還有一棟木造老建築，是舊有的京都二条車站，因為車站更新，就把老車站搬到梅小路來保存，並且作為室內鐵道文物展示館。不過鐵道博物館最近有了新的面貌，興建了更大型的展示場館，展示內容更為豐富多元，增加了許多實體電車，包括已經退役的新幹線〇型車頭與車廂，以及流線型的500型新幹線車頭等等，博物館內還有「人車」（人力軌道車）的試乘活動，以及最受現在小孩喜愛的電車駕駛模擬機，當然還有超大型鐵道模型的展示，幾十輛各種款式的電車在一個大型城市模型裡穿梭奔馳，真的非常壯觀。

鐵道文化在日本十分盛行，因為日本就是一個鐵道國家，所有小孩從小就接觸鐵道文化，有許多人從小立志當鐵道員，即使將來不能駕駛新幹線列車，只是當個像高倉健電影《鐵道員》中那種盡忠職守、鞠躬盡瘁的鐵道員也在所不惜！鐵道文化帶動整體觀光產業，許多鐵道迷到處遊走，只是為了搭遍所有火車，拍到美好的電車照片；鐵道文化的盛行，也讓許多偏鄉重新展現生機，特別是鐵道設計師水戶岡銳治帶來了日本鐵道幸福列車的革新觀點，他認為電車設計一定要獨一無二，並且要能帶動鄉土的經濟，也要讓地方鄉民有驕傲感！

他所設計的和歌山小玉貓咪列車以及九州熊本Aso Boy黑狗列車都帶來空前的轟動，也成功地帶動地方經濟，甚至拯救了原本即將倒閉的鐵道公司。可見鐵道不只是交通運輸業，同時也可以是文化創意產業，是可以在交通運輸功能之外，創造出許許多多附加價值的。

作為日本最早有路面電車的城市，京都鐵道博物館非常值得前往參觀，館內也收集了許多鐵道文物與資料，在那裡我甚至發現了前幾代京都車站的建築，果然都平凡庸俗，無法與原廣司設計的現代京都車站相比。許多城市身世線索其實都隱藏在博物館內，等待喜歡京都的人去挖掘發現！

梅小路蒸汽機關車博物館

地址：京都市下京区観喜寺町
電話：075-314-2996
開館時間：10:00-17:30
交通：(1)搭市營巴士205、208，在「梅小路公園前」下車。(2)搭急行103、急行104、急行110、86、8，在「梅小路公園・京都鉄道博物館前」下車。

九、街巷的京都

Alleys in Kyoto

不同的街巷，有不同的風情。
進入不同的巷弄中，
就像是走入另一個神奇的國度，
在京都逛遊街道巷弄，
可以體會各種不同的城市風情，
讓你更加迷戀京都。

三条通

京都有許多老街，這些老街充滿古意與懷舊，成為這座城市最重要的資產，也是觀光客喜愛流連拍照的地方，不過這些老街中，我獨愛三条通，每次到京都旅遊總愛住在三条通、河源町附近。

三条通作為江戶時期東海道的終點，是京都非常重要的街道，同時也是充滿矛盾與衝突的街道。在明治時期近代化的進程中，三条通是改變最劇烈的街道，當時整條街原本的京町家被拆毀，興建起一棟棟西洋風格的紅磚造近代建築，包括銀行、證券公司、報社等等，讓京都的三条通充滿著歐洲街道的氛圍。

改變劇烈的三条通，在當年成為京都最前衛時髦的街道，不過物換星移，半個世紀以後，這些近代建築也成為歷史建築，成為人們覺得應該保存的東西。這樣的轉變實在奇妙！原本是破壞京都老町家建築的新建築，現在反倒成為京都人亟欲保存的歷史建築，感覺十分矛盾與衝突！

三条通的近代建築群，之所以讓人們想要加以保存，主要也是因為這些建築設計施工精美細緻，可說是那個年代裡，京都最受矚目的優秀建築，所以現代人會努力希望保存這些建築，並且加以再利用，讓這條街道老建築得已保存，同時也能依舊充滿街道的生氣與活力。

1928摩登時代的建築古董

在三条通上，我最喜歡的歷史建築是1928大樓，這棟大樓原為每日新聞社京都分社的建築，由建築師武田五一所設計，這座建築的設計可說是跟得上世界潮流，當年紐約正在建造克萊斯勒大樓與帝國大廈，都是Art Deco風格摩天大樓的經典作品。因為二〇年代正是Art Deco風格建築的全盛時期，這種表達機械時代特色的建築風格，與上個世紀古典主義的建築風格完全不同，不再有花花草草的繁複裝飾，而是以幾何簡約線條作為裝飾；黃褐色的外牆，女兒牆拱形花樣與塔樓，帶著中東異國色彩，最上層

1928大樓

地址：京都市中京区三条通り御幸町東入弁慶石町56 1928ビル3階
電話：075-254-6520
營業時間：10:00-19:00
交通：京都市巴士4 / 205系統「河原町三条」下車。

2F
CAFE INDEPENDANTS
CAFE TIME MENU
Crepe Ojisan

兩個星型開窗，讓人驚奇！其實那是每日新聞社的標誌。

1928大樓立面正中央的花型陽台，令人不注意它都不行，大門兩側門柱上方有裝飾藝術風格的燈箱，屋頂轉角還有旗杆座，可以傳達天氣預報。這座大樓據說後來被京都建築師若林廣幸買下，重新加以利用，作為藝文空間使用，也有餐廳及酒吧，賦予這座Art Deco建築新的生命。

我最喜歡大樓地下室的CAFÉ INDÉPENDANTS，從貼滿狂野藝術海報的樓梯間走下地下層，猶如進入古老城堡的地窖一般，斑駁古舊的牆面，近乎腐朽鏽蝕的木門與鐵件，充滿著廢墟的頹廢感；夜晚的咖啡館充滿酒精與音樂的歡愉，人們躲在這座老建築的地窖，尋求一種歷史感的溫暖慰藉。

1928大樓

CAFÉ INDÉPENDANTS

地址：京都市中京区三条通り御幸町東入弁慶石町56 1928ビルB1F
電話：075-255-4312
營業時間：11:30-24:00
交通：京都市巴士4／205系統「河原町三条」下車。

CAFÉ INDÉPENDANTS

舊日榮耀的再現

三条通的西洋古典紅磚建築群，有許多是銀行或證券業的建築，因此建築宏偉精緻，十分值得保存；在重新再利用之後，都被賦予新的任務，也有了新的生命與活力。一九一四年建造的日本生命京都三条大樓舊館，是由辰野金吾與片岡安所共同設計，外牆使用鑲嵌花崗岩，因此較不具辰野的風格，反倒是偏向片岡先生的喜好，辰野金吾在關西地區的設計建案，多與片岡安建築師合作，在關東地區的設計案，則與葛西萬司合作較多，這座建築在一九八三年改建，只保留街角尖塔及部分建物，其他部分新建，形成一種新舊混合的奇特狀態。

一九一六年建造的不動儲蓄銀行京都分行，在一九八八年改建再利用，改名為SACRA大樓，內部集合了十多家時尚流行行業，地下室的雪月花酒吧也以設計細緻聞名。三条通上的中京郵局建於一九〇二年，是一座文藝復興式的古典建築，當年也曾陷於是否拆除或保存的矛盾困境，在學

SACRA大樓

地址：京都市中京区三条通富小路西入ル中之町20

交通：(1)搭地鐵烏丸線，東西線至「烏丸御池」下車。(2)搭地鐵東西線至「京都市役所前」下車。

界各方的呼籲下，引起日本全國的矚目，最後得以用保存立面、內部整修改造補強的方式保留，並且在後方增建新館。

由辰野金吾、長野宇平治共同設計的日本銀行京都分行（一九〇六），是一棟典型的辰野式風格建築，紅磚造西洋建築加上裝飾線條，與日本東京車站、台灣總督府、公賣局建築十分類似，這座建築宏偉典雅，轉角處有塔樓、建築上方有老虎窗，處處都可見到其設計之用心良苦，目前建築被作為京都文化博物館別館使用，經常舉辦

展覽或音樂會。

走出三条通，可以看到烏丸通對面另一棟辰野式建築——第一銀行京都分行，這棟一九〇六年建造的宏偉古典建築，在二〇〇三年重新整修時，只保留了立面，內部則全部改造，令人遺憾。烏丸通上另一座歷史建築保留案例是二、三〇年代的「新風館」，這座建築符合當年現代主義風格的潮流，走簡單流線的外形，原本是京都中央電話局，目前則試圖成為京都流行的發信地。

京都文化博物館（上）

地址：京都市中京区三条高倉
電話：075-222-0888
交通：⑴搭市營巴士，在「堺町御池」下車。⑵搭地鐵烏丸線、東西線，在「烏丸御池」下車。

第一銀行京都分行（左）

地址：京都市中京区烏丸通三条南入饅頭屋町591
電話：075-221-1121
交通：搭地鐵烏丸線、東西線，在「烏丸御池」下車。

flowing
flowing
Cafe
Caramel
PAN PERDU
flowing

鳴門鯛魚燒與秘境咖啡店

三条通商店街有一家鯛魚燒專門店，是我認為京都最好吃的鯛魚燒！事實上，離開京都也沒有吃到更好吃的鯛魚燒了。這家鯛魚燒店是用炭火直烤，而且每一隻鯛魚燒都是用單一的鑄鐵模具烤製而成，外皮薄脆、內餡飽滿，有紅豆與甜番薯兩種口味，因為太好吃！我每次到京都，都一定要到三条通買一隻鯛魚燒吃吃，才會感到滿足。後來到三条通吃鳴門鯛魚燒，成為我到京都一定要進行的重要儀式。

到一座城市，一定要吃一種熟悉的食物，當作是一種儀式，好像吃下了這隻鯛魚燒，就是向京都宣告「我回來了」，同時也喚醒自己的身體，告訴自己我現在是在京

鳴門鯛魚燒三条寺町店

地址：京都市中京区三条通寺町東入石橋町6
電話：075-221-3399
營業時間：11:00-23:00
交通：搭地鐵東西線在「京都市役所前」下車。

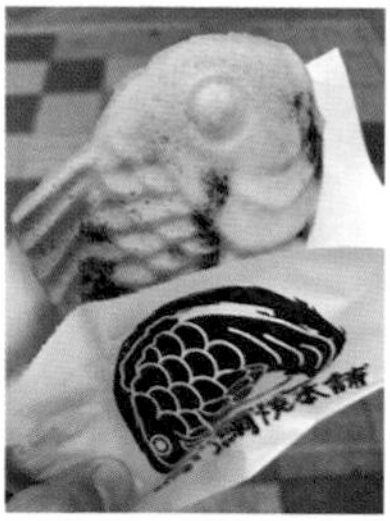

鳴門鯛焼本舗
天然鯛焼
鳴門鯛焼本舗
入口
ENTER
贈り物にもどうぞ!
おしながき
十勝産あずき
御神酒
「鳴門鯛焼本舗」
「一丁焼き」
こだわりを持っています。

三条通街巷中的老房子裡，隱藏著許多精品服飾店。

都。鳴門鯛魚燒的店鋪，位於三条通西洋古典建築群的前方，每次去三条通漫步之前，都要先買一隻鯛魚燒吃吃，好像是買一張門票似地，才得以進入三条通這個神奇的國度。

三条通有許多名牌時髦店或潮店，幾乎都隱藏在古老的紅磚建築裡，或甚至是隱身於木造的町屋之中，包括知名的Paul Smith或master-piece等都開在三条通的老房子裡，讓人十分驚奇！對於這些商家而言，能夠在老房子裡營業，似乎代表著他們是更有品味、更有文化氣質的商家。

我很喜歡去一家秘境咖啡店，就位於一間潮店的內部，事實上，這家潮店master-piece販賣許多流行街頭背包與配件，可是卻開在一棟老舊木造町屋內，老町屋原本還是一家吳服店（一般專賣和服的店不叫和服店，而叫「吳服店（Gofuku-ten）」或「吳服屋（Gofuku-ya）」），你可能以為這樣的衝突感已經很令人吃驚，想不到從店側邊進入，發現潮店後方還有店中店KissaMaster喫茶店。

喫茶店需要脱鞋才能進入，走進喫茶店赫然發現町屋深處，竟然還

隱藏著一座寧靜美麗的日式庭園，有松樹、假山、水池與苔庭，坐在窗邊的咖啡座，啜飲著拿鐵，可以望著庭園發呆一個下午，感覺像是走入了一座可以安靜人心的秘境花園。

老舊町屋中，隱藏著街頭潮流背包店，潮店裡又隱藏著傳統日式花園，然後在花園中喝著拉花拿鐵咖啡，整個過程理應充滿衝突與矛盾，但是在京都這座城市裡，這樣的事卻完全不會有違和感，因為京都雖然被認為是一座古典優雅的

KissaMaster

地址：京都市中京区三条通富小路東入中之町26番地
電話：075-231-6828
營業時間：11:30-20:30
交通：京都市營地下鐵烏丸線、東西線「烏丸御池」下車。

城市，事實上，京都在歷史上，卻是吸納外來文化最激進的城市。

或許我們可以說，京都雖然有各種外來風格與文化影響，但是她的內心卻始終是京都，就像那家隱藏於潮店中的咖啡店，最裡面終究是一座代表京都心靈的寧靜庭園，這也是京都之心，是這座城市真正吸引人的本質。

哲學之道

「哲學之道」算不上是一條街道，甚至連巷弄都算不上，但是這條小徑卻是京都最有名的街道之一。這條小徑會被稱作是「哲學之道」，是因為京都派哲學大師西田幾多郎曾經住在附近，他經常在這條小徑漫步，悟出許多哲學道理，終於成就了一位哲學大師。

其實西田幾多郎並非京都人，他和禪學家鈴木大拙都是金澤人，但是後來卻在京都成名，金澤人特別在故鄉為他建造了一座哲學紀念館，而設計建造的建築師正是安藤忠雄。有趣的是，安藤忠雄在他所設計的西田幾多郎哲學紀念館前，設計建造了一條「思索之道」，其實正是呼應京都的「哲學之道」。

安藤忠雄曾經寫過一本《邊走邊想》的書，他認為人們需要走動才能思考，歷史上許多重要創作者都是邊走邊想，例如貝多芬總是去維也納森林漫步，才能寫出許多曠世鉅作。「哲學之道」原本就只是一條小溪旁的

步道，小溪畔遍植櫻花樹，春天櫻花盛開，形成一條蜿蜒的櫻花隧道，也成為人們安靜散步的絕佳場所。

沿著小溪沿線綠帶漫步，可以很安靜很單純，可以好好地思考人生的課題，我們的城市充滿太多混亂喧囂的空間，缺少可以安靜漫步的地方，以至於我們市民呈現一種膚淺的生命狀態，無法靜心探尋生命的意義；甚至我都必須前往墓園，才能找到安靜思考的地方。

妻子懷孕時，我們一起到京都賞櫻，漫步在哲學之道，看見櫻花的燦爛與輝煌，讚歎之餘，直呼這真是最好的胎教！這條小溪其實是琵琶湖疏水道的支流，從南禪寺延伸到銀閣寺附近，當年在這裡種植櫻花的是畫家橋本關雪，所以「哲學之道」的櫻花又被稱作是「關雪櫻」。橋本關雪為了讓他體弱多病、無法外出旅遊的妻子賞景，特別在附近蓋了一座「白沙村莊」的庭園，內有多座茶屋，可以欣賞四季的景物變幻，這樣的愛情與故事令人十分動容，而盛開的櫻花，每年都為這樣的愛情作出最美的見證。

春天櫻花盛開之際，哲學之道人滿為患，也帶動了周邊住宅區的商業

哲學之道

地址：位於京都市左京區，北至銀閣寺，南至若王子神社，沿著琵琶湖疏水道而建的一條小徑。

電話：075-761-1944（田村）哲学の道保勝

交通：從京都車站搭乘100號公車，於「銀閣寺前」下車。

活動，原本安靜的住宅區，也逐漸開起了許多甜點店、喫茶店或小藝品店，大家在櫻花樹下喝茶賞櫻，的確是十分愜意的事！雖然遊人很多，但是哲學之道卻很漫長，只要稍微走遠一點，就可以避開人潮，開心舒適地欣賞春櫻。《陰翳禮讚》一書作者谷崎潤一郎曾說：「看櫻花一定要去京都，不是京都的櫻花，看了也是白看。」結果谷崎潤一郎過世之後，就葬在哲學之道旁的法然院裡，他的墓前還長著一株傲然孤挺的櫻花。

城市中能夠保有一條小溪，並且種植櫻花，形成一條綠帶，實屬難得！

在台灣過去的城市發展經驗，並不珍惜這些水道或溪流，早期我們就是把這些溪流當作

哲學之道旁都是幽靜的住宅區，非常適合漫步思考。

是現成的沖水馬桶，任何垃圾廢棄物，只要丟到溪流裡，就可以被水沖走，流向大海，清潔溜溜。所以很多溪流過去都充滿了垃圾穢物，遠遠就可以聞到臭氣沖天，成為大家避之唯恐不及的地方，甚至最後實在髒亂到受不了，就把溪流加蓋，眼不見為淨。

京都的哲學之道讓我們體悟到，原來城市裡每一條溪流、每一條水道都是十分珍貴的！這些溪流水道是創造城市浪漫氛圍的最重要因素。有水空間的城市才是浪漫的城市，我們的城市不斷地將水道溪流加蓋，並且築起高高的堤防圍堵河流，怪不得我們的城市缺乏浪漫的氛圍。

白沙村莊前的櫻花茂密，每年春天盛開時，都讓人有如置身雪國。

台北市的瑠公圳就是最好的例子，這條灌溉渠道流經台北市區，原本是帶給台北市民悠閒浪漫氣息的重要溪流，從早年台大文選的閱讀中，我發現當年的人談戀愛，就是夜晚沿著瑠公圳散步談心，瑠公圳畔遍植柳樹，上面架設木橋通行，基本上有一種京都的浪漫氛圍，可惜後來瑠公圳加蓋鋪路，變成了現在的新生南北路，從此浪漫氛圍不再。

我一直期待會有一位浪漫的市長候選人，可以提出「河流復興運動」的構想，讓瑠公圳重見天日，屆時還可以將新生南路台大校門口至大安森林路段，設置水閘門提升水位，然後我們就可以浪漫地從台大搭船前往大安森林公園，沿途還可以欣賞教堂及清真寺的建築之美，那將會是何等的浪漫！

水道甚至可以延伸至大安森林公園內，讓整個公園有水流、可以划船泛舟，划船經過樹林，落英繽紛，幻想自己是〈桃花源記〉的主人翁；水流也可以延伸進台大校園，與醉月湖連結，形成一個有如劍橋大學般有水道的校園，讓莘莘學子也能在浪漫校園中度過青春歲月，那又是何等的浪漫！

先斗町通與木屋町通

先斗町通與木屋町通是與鴨川、高瀨川平行的小街巷，窄小的巷弄非常有老京都的感覺，兩旁都是木造町屋的料理店，店外總是掛著紙做的燈籠，在夜晚顯得優雅而浪漫。

保存老街巷一直是現代都市頭痛的問題，因為隨著時代進步，城市街道配合交通運輸，經常面臨拓寬的壓力，許多街區也因為巷弄寬度不足，

老舊城區的街道，具有一種親密的尺度感，讓人與人之間保持著若即若離的關係。

依照都市法規，面臨無法開店的困境。京都的先斗町、木屋町雖然也面臨城市發展的困境，卻努力解決消防救災等問題，讓老街巷得以保存下來，也讓這裡成為京都最富特色的街區。

老舊城區的街道，具有一種親密的尺度感，讓人與人之間保持著若即若離的關係，如果將街道拓寬，所有的關係就將消失無蹤。這種尺度感更存在於巷弄內的居酒屋中，先斗町、木屋町的居酒屋，內部都十分狹窄，整個居酒屋內料理區及櫃檯，就占據了大部分的空間，剩下的座位區擁擠窄小，僅容顧客側身擠進店內，找個位子坐下，幾乎就動彈不得。

進入狹窄的居酒屋，與陌生的顧客比鄰而坐，剛開始會非常不習慣，但是在老闆熱情的招呼之下，再加上食物的熱氣、酒精的催化，整個氣氛逐漸熱絡起來！旁邊的陌生人也變得像是自己朋友一般，互相哈啦、互相敬酒，好不開心！

就是這種親密的尺度感，讓先斗町、木屋町充滿魅力！這條街區除了料亭與居酒屋之外，靠鴨川一側的料亭，也都備有納涼床，在夏日之際，

夜晚坐在鴨川旁的納涼床，可以感受到涼爽的風，好像整條鴨川就是一條涼風流動的高速公路，將涼爽的風從山上森林帶向城市，又將城市的熱風帶離城市。所以每到夏日夜晚，京都人都習慣來到鴨川旁納涼談心。

讓客人可以選擇坐在鴨川旁邊，在喝酒用餐時，也可以享受徐徐的涼風，以及鴨川的風景。有趣的是，夜晚坐在鴨川旁的納涼床，果真可以感受到涼爽的風，好像整條鴨川就是一條涼風流動的高速公路，將涼爽的風從山上森林帶向城市，又將城市的熱風帶離城市，所以雖然是盆地地形，但是在河川邊卻可以感受清涼的夜風，所以每到夏日夜晚，京都人都習慣來到鴨川旁納涼談心。

春天在高瀨川賞夜櫻，然後轉身走入先斗町巷弄，在窄巷燈籠間漫遊，找一家居酒屋或料理店進去吃喝一番，帶著些許酒意，再到鴨川旁吹吹風，度過一個快意的京都夜晚。

不同的街巷，有不同的風情。

進入不同的巷弄中，其實就像是走入另一個神奇的國度，在京都逛遊街道巷弄，可以體會各種不同的城市風情，讓你更加迷戀京都。

十、異型的京都

Alien Architecture in Kyoto

京都畢竟是一座活生生的城市，
而不是時代劇裡的古裝場景，
這座城市會成長、會生病、會死亡、也會重生，
城市變化過程中，出現異型怪胎，
是萬物變化過程中的常態。

伊東忠太的幻獸建築

大部分的人認識的京都，都只是旅遊書裡的名勝古蹟，是典雅又古意的京都，是街巷古董小趣味的京都，或是文青咖啡香的京都，這些京都屬於初次去旅行的人。設置「第三次的京都」網站的京都攝影家中島光行認為，第一次到京都旅行的日本人，通常是小學或中學畢業旅行時去的，看的大多是金閣寺、清水寺等景點；第二次去京都則是大學時期，看的依舊是一些知名景點，只有人生第三次去京都，才開始有機會深入去探尋京都不為人知的地點。

我從畢業工作之後，每年都造訪京都一次到二次，從酷愛春天的繁花盛景，到逐漸喜愛品味秋天的多彩與輝煌，看遍世界遺產與大師安藤忠雄的作品，也走遍京都街巷的文青咖啡店，慢慢發現京都不只是一座古典雅致的城市而已，這座城市也有許多令人意外的種種，甚至有令人厭惡的地

仏教書・お経本
仏教カセット・CD・ビデオ
藤田仏書堂
電(075)371-5530
京仏壇・京仏具・記念品
仏壇の安心堂

本願寺傳道院

地址：京都市北區紫野東藤ノ森町一一-一
電話：075-432-5075
營業時間：11:00-23:00，每週三公休

方；就像是一個人不只是表面上一種形象而已，其實在不同的角度與場合，或許都會有不同的表現。

《討厭京都》一書的作者井上章一雖然寫了許多抱怨京都的文章，但是他卻還是表示：「儘管嘴裡抱怨不斷，但我從未離開，這是我對這塊土地最深的驕傲！」這座城市具有多種面貌，總是值得我們去探索，發現那些過去不了解的京都，並不會減少我們對京都的喜愛，反倒讓我們更深愛上京都，愛上這座充滿驚喜的城市。

「異型的京都」是人們不願意去面對的京都，他們視而不見是因為這跟他們幻想中的京都不同，認真去面對它，將會帶來他們內心的幻滅，所以人們假裝沒看見，也不願意承認這個部分的京都，不過我卻很喜歡，也認為這就是京都的一部分，缺少這些，京都不過是拍攝風景名信片的虛假場景而已。

說起京都的「異型建築」，其實很早以前就已經出現，過去數百年來，京都不斷地學習外國建築（最主要是中國建築），並且融入自己的建

伊東忠太設計的本願寺，裝置著許多奇幻世界裡的神獸，被戲稱為「幻獸建築」。

築風格。上上個世紀末（一八九五），日本建築師伊東忠太也在京都建造了一座超乎人們想像的「幻獸建築」——本願寺傳道院，那是屬於西本願寺的建築，但是卻一反傳統，以西洋建築的姿態現身，紅磚造的建築，轉角屋頂有一座圓形塔樓，塔樓的圓形屋頂有如俄羅斯的洋蔥頂建築；最奇特的是門口及周邊欄杆上，都出現奇特的動物雕像，這些動物都不是傳統日本建築上可以看見的動物，例如大象、猿猴、雞以及柏犬等等，而且這些動物又擁有翅膀，感覺就像是神話中的異國魔獸，非常詭異！

事實上，伊東忠太本身就是一位喜歡怪獸的建築師，他專門研究東方、中國印度等地方的建築，因此他所設計的東京築地本願寺，就帶著一種印度浮屠建築風格，而且裝置著許多奇幻世界裡的神獸，被人們稱為「幻獸建築」。一八九五年他在京都設計了這樣一座本願寺傳道院，肯定招來許多京都人或寺院善男信女的非議，但是如今這座建築也成為京都歷史建築的重要部分。

伝道院 テーマ館

若林廣幸的京都建築冒險

京都是座古都，照著壽岳章子的說法，京都人的血液裡都留著維護古蹟的基因，想要改變京都城市面貌，基本上是非常大逆不道的事，每個京都人都是京都建築的守護神，為了保護這座城市的古意與典雅，他們都會義不容辭地，起身跟你奮戰！當年京都市中心建造起高層旅館——大倉飯店，讓許多古蹟名勝掛起牌子說：「我們不歡迎住大倉飯店的旅客進入古蹟！因為大倉飯店建築破壞了古都的天際線。」

不過京都出身的建築師若林廣幸卻不這樣想，他覺得京都城市需要一些冒險與刺激，才能讓這座城市有所成長活絡。他的事務所是一棟古老的河豚料理店改造而成，他說「拚死吃河豚」這件事，本來就是一種味覺的冒險；而他在京都的建築就像是一種建築的冒險，與吃河豚有異曲同工之妙。

若林廣幸的事務所是古老的河豚料理店改造而成的。

他在祇園蓋了兩座有如機械火箭般的建築，名稱都很古怪，就像船隻的名字，一座是「丸東十五號」，一座是「丸東十七號」，建築造型則是帶著古典機械美學的氛圍，有點像是蒸汽龐克的機械美感，也有點像是古代東方武士的頭盔或兵器。其實若林廣幸的機械美學設計，不單單只用在建築上，他曾經幫南海電鐵設計過一輛非常有名的特急列車，就是連接關西機場與大阪難波的「南海特急Rapi:t」，整台列車藍色塗裝、圓形開窗，有如電影《海底兩萬里》中的「鸚鵡螺號」潛艇，車頭則有如武士的頭盔，有粗獷的螺絲釘，以及中央切風的鐵板，對於日本小孩而言，這台列車根本就是早期動漫《鐵人二十八》的翻版，因此很多人都將這台列車稱作是「鐵人二十八」。

祇園分為兩部分，以四条大道為界，一邊是古色古香的傳統木屋區，符合觀光客腦海中的京都印象；另一邊則是龍蛇雜處、酒店林立的俱樂部區，是當地人夜生活出沒的場所，白天安靜冷清，夜晚則是熱鬧喧囂。若林廣幸所設計的「丸東十五號」、「丸東十七號」其實是作為酒吧、

祇園 丸東十五號

地址：京都市東山区四条通大和大路祇園町北側

ーレルル
ビル
5F
4F
4F
88
和
TOKYU
末吉町100
3F
会員制
麻雀 東
dolce

祇園 丸東十七號

地址：京都市東山区四条通大和大路祇園町北側341

倶樂部使用的大樓，火箭般的神秘造型，在龍蛇雜處的夜生活區，顯得十分顯眼又怪誕！好像急欲逃離地表的兩艘火箭太空船，讓酒客們可以進入另一個時空裡，忘卻京都現實的種種虛偽與壓力。

若林廣幸的建築如異型般，攪動了京都的沉靜，讓千百年凝固的時空，開始融解流動，為這座城市帶來不一樣的活力。

高松伸的古典機械美學

建築師高松伸雖然不是土生土長的京都人，卻曾經在京都求學工作，因此也在京都地區發展他的建築領域。他在京都近郊桃山車站旁，設計了一棟酷似機械引擎的建築ARK，在八〇年代後現代主義盛行的時期，震撼了全世界建築圈，美國電影《蝙蝠俠》還特別以這棟建築為藍本，改造成電影中高譚市的美術館建築。

事實上，高松伸的ARK建築也是從電影得到靈感，三〇年代德國導演費茲蘭（Fritz Lang）拍了一部《大都會》（Metropolis）默片電影，被譽為「科幻電影的鼻祖」，同時也是「建築電影的始祖」，電影中描述工業革命之後，對於機械崇拜的迷思，巨大的機械場景，正是高松伸ARK建築的靈感來源。

不過許多人對這棟建築頗有微詞，有人批評這棟建築像是「出軌的火

ARK建築，美國電影《蝙蝠俠》還特別以這棟建築為藍本，改造成電影中高譚市的美術館建築。

ARK

地址：京都府京都市伏見区桃山町丹後10-4

法老（Pharaoh）
地址：京都府京都市南区上鳥羽南唐戸町

車頭」，因為建築物正好位於鐵道旁邊，在整個城鎮裡，顯得十分突兀。這棟機械感十足的建築其實是座齒科醫院，聽說高松伸與齒科協會有某種關聯性，因此他在京都南區也蓋過一棟齒科醫院「法老」（Pharaoh），機械美學的建築到底跟齒科醫院有何關係，我只能想像，去看牙醫的時候，牙醫師都有許多機械醫療設備，或許這也是一種聯想吧！

高松伸在京都北山通也有許多作品，最有名的是Syntax大樓，這座大樓有如機器人張開雙臂，站立在北山通上，對面還有一棟Ining23建築，建築物立面有座往外突出的瞭望台，站立在此，剛好可以欣賞對面的Syntax大樓，不過這棟Syntax大樓正如高松伸在大阪道頓崛旁有名的Kirin Plaza一般，都在幾年前被拆毀重建，十分可惜！也象徵著後現代主義建築時代的沒落。

老實說，誇張的機械建築，並不適合京都這座城市，它們有如異型般潛伏在城市的角落，隨時要反撲這座城市，為這座城市

建築師高松伸所設計的Syntax大樓（左），以及長得像機械蜘蛛的西陣織大樓（右），這幾年因為商業上的考量，已遭拆除與重建，令人不勝唏噓。

帶來驚嚇，順便刺激他的成長與改變。高松伸在京都的建築，有一部分以神秘的方式存在，就像是京都城市的存在，本身就是許多神秘主義陰陽道的伏筆，西陣織大樓立面詭異，整面石材包覆，卻有著大顆的螺絲釘裝飾，有種古老玄奇的密術陣頭氛圍，狹窄的入口，猶如進入某種恐怖生物體內的器官，似乎也宣告著西陣織本身就是京都古老封閉的神秘會社。

高松伸在京都西陣織這幾棟代表性的建築作品，包括長得像機械蜘蛛的西陣織大樓，以及立面十分神秘的後期增建等等，很不幸的是，這幾年也都因為商業上的考量，被拆除重建，令人不勝唏噓！

黑色幽默——顏之屋與幹咖啡

京都的城市性格與大阪十分不同，京都是文化城市，性格上含蓄而婉約；大阪則是商業城市，性格上就顯得爽快直接；在建築表達上，京

洛中地區的「眼鏡怪屋」。

都呈現一種保守傳統的氛圍，大阪則喜歡誇張直接的強烈形式。正如范裘利（Robert Venturi）《向拉斯維加斯學習》（*Learning from Las Vegas*）那本書所標榜的「大街永遠是對的」，大阪正是拉斯維加斯城市性格的翻版，充滿商業的活力，但這也更凸顯了京都這座城市典雅的文化氣質。

萬城目學的小說《鹿男》中，形容三都的代表動物，京都是狐狸、奈良是鹿，而大阪則是老鼠！可以感受到那種高貴優雅與低俗粗鄙間的城市區別。

我們可以在大阪看到許許多多誇張的商業招牌以及奇奇怪怪譁眾取寵的建築，

株式会社
管理
OPEN
SHOP

洛中區的巷弄裡，赫然發現一座稱為「顏之屋」的怪房子，這是建築師山下和正的作品，也是後現代建築理論的具體表現。

顏之屋

地址：京都府京都市中京区衣の棚通二条

但是在京都卻不容易找到這類商業表現濃厚的建築物，只有在新京極通內出現一家立面掛著一台飛機的電玩店，是標準的後現代主義普普建築的做法；而洛中地區一棟「眼鏡怪屋」，建築物上方兩個眼睛般的窗口，突兀地好像外星人戴著遮光鏡一般，又像書呆子戴著厚重的近視眼鏡，怪異地吸引著人們目光；除此之外，其他商店似乎都沒有人敢放肆妄為。雖然這座城市有高松伸、若林廣幸等人的異型建築，但是位於北山通，高松伸設計的Syntax建築被拆除，卻讓我很意外！因為這座九〇年代，高舉雙臂、機器人般的前衛建築，竟然被拆除，而京都那些數百年的老房子卻被保留下來，這樣的城市規劃取捨原則，讓人感受到京都看重的事情果然不太一樣。

後現代主義的符號學也曾經在京都留下記號，在洛中區的巷弄裡，赫然發現一座稱為「顏之屋」的怪房子，這是建築師山下和正的作品，也是後現代建築理論的具體表現。後現代主義一直批判現代主義建築是「啞吧的方盒子」，認為建築物應該要會「說話」，要有「表情」，可以傳達建築的意義。山下和正直接將建築的表情做出來，卻不只是象徵性的臉孔，所有的臉部器官是有機能性的，嘴巴是入口，鼻子裡是通風孔，而眼睛則是觀景的窗口，並非一般造假的裝飾而已。

一張巨大的臉出現在京都狹窄的衣棚通裡，其實是很令人錯愕的！好像在嘲笑周邊的房子都是啞吧，都沒有表情，都很無趣。這樣的建築表現，就好像烏丸通地鐵車站旁的一家咖啡店，招牌上寫著「幹」字，讓所有台灣遊客驚嚇不已，其實日本人並不了解這有什麼問題，咖啡店也只是一家老派咖啡館，「幹」只是簡單的店名，並沒有什麼惡意，卻吸引許多台灣遊客拍照。

二〇一七年暑假我們去京都旅行，特別又去造訪「幹」咖啡，咖啡店老闆娘似乎已經很習慣有許多台灣人來她的店拍照。九十二歲的老闆娘自己打理經營這家咖啡館，「幹」並不是什麼不雅的字眼，而是老婆婆的名字。小小的店面在老闆娘殷勤的維護整理下，不像一些老咖啡店陳舊而骯髒，反而是乾乾淨淨，充滿理性、明亮與現代感，或許這個年紀的老太婆

珈琲舍幹

地址：京都市上京区烏丸武者小路（京都御所對面）

交通：京都市營地下鐵烏丸線「今出川駅」。

珈琲舎
幹
学校法人
近畿予備校

會開咖啡館，當年必定是有摩登的思想，九十二歲的老婆婆，算算可是二〇年代摩登時代出生的，當年柯比意還在設計建造他的現代建築——薩維亞別墅。

老婆婆似乎並不太在乎台灣人的好奇想法，總是熱切地與台灣團體拍照聊天，其實這家咖啡館生意並不好，只有一些在地高齡的老人常來，對於台灣團體的經常造訪，老婆婆也很開心！她甚至拿出台灣團送她，寫滿「幹」字的布條，給大家欣賞拍照，或許這布條是台灣抗議團體充滿怨念的製作，但是對老婆婆而言，就是一面寫滿她名字的布條。

直接說髒話肯定不是京都人的說話習慣，京都人說話都是委婉含蓄的，即使是要罵人或趕人，也會講的很婉轉，禮貌到不是京都人都很難理解，甚至會錯意！這跟大阪人的直率完全不同，以至於別的地方的人會覺得京都人太難搞、太假掰！

「顏之屋」的出現，也好像對於傳統無趣的京都建築說「幹」，用一種率直驚悚的方式大叫，表達了京都人不一樣的看法。有些京都人可能會討厭這種建築表現，慶幸它還好不是出現在大馬路上；有些京都人則會將它視為佛陀的容顏，希望了解這張臉所傳達的禪意。不論如何，我每次去看「顏之屋」都不免會心一笑，因為在千篇一律的巷弄內，居然有一張臉似笑非笑地存在著。

機器人與京都造型方塊

傳統的學校建築，多是封建權威的產物，強調宏偉對稱，以及易於掌控的行政高塔，貴族感的古典元素等等；對於有歷史的學校而言，強調其

傳統價值無可厚非，但是一些年輕的學校，卻刻意去模仿古典學院的種種，就顯得作態甚至俗不可耐。

藝術與設計類學校在教育體制內，本來就是個異數，藝術學校建築也就容易出現令人驚艷的作品。京都造型藝術大學是左京區重要的學校之一，與歷史悠久的京都大學相距不遠，不過京都大學校園地勢平坦，造型藝術大學校園則位於山坡地，從大門口開始便是綿延向上的階梯。

京都造型藝術大學正門是個巨大山牆，乍看之下十分古典，近看時倒是簡潔素淨，現代感十足！學生們流連在交誼中心咖啡廳內，喝著咖啡、吃著輕食點心，自由自在地討論設計藝術，或只是打屁閒聊舒解壓力，果然充滿著藝術家的自由氣息！

穿越大門公共活動空間，繼續拾級而上，眼前出現一座巨大的造型方塊體，黝黑的外牆，好像是外太空不明飛行物體，一個個方格窗戶，透著溫暖的黃色光芒。建築塊體凌空而起，底下挑高的空間，成為另類的服務動線入口；方塊體前方排列整齊的石柱，石柱表面呈現粗糙自然的狀態，

京都造型藝術大學

地址：京都市左京区北白川瓜生山2-116
電話：075-791-9122

傳達出限研吾這幾年來所追求的日本傳統建築精神，讓這座建築兼具了前衛與傳統內涵。

這座稱為「致誠館」的建築，基本上是校園中的綜合大樓，內部除了演講討論室之外，學生食堂也在其中，因此這座建築不僅是校園中視覺的地標，同時也成為師生胃腸的味覺地標。建築旁的階梯，被稱作是「通天梯」，學生們每天都必須通過這座階梯，才能進入這座黑色方塊中，因此爬樓梯成為他們學生生活中必經的操練課目。

學校建築風格是人們對於這所學校的重要印象，而且也會強烈影響學生的意識型態及美學風格，在呆板無趣的學校建築內學習，學生很容易變成保守與缺乏創意；但是若是在前衛有變化的建築內上課生活，學生潛移默化之下，必然具有顛覆與搞怪的創新能力。

教育學家認為，教育除了言教、身教之外，還有所謂的「境教」，意即「空間環境的教育」，如果你想在大學教育過程，真正學到富有創意的藝術與設計能力，那你在選擇學校時，校園建築也將是重要的參考因素之一。

京都造型藝術大學內的致誠館，是日本建築師限研吾的作品。

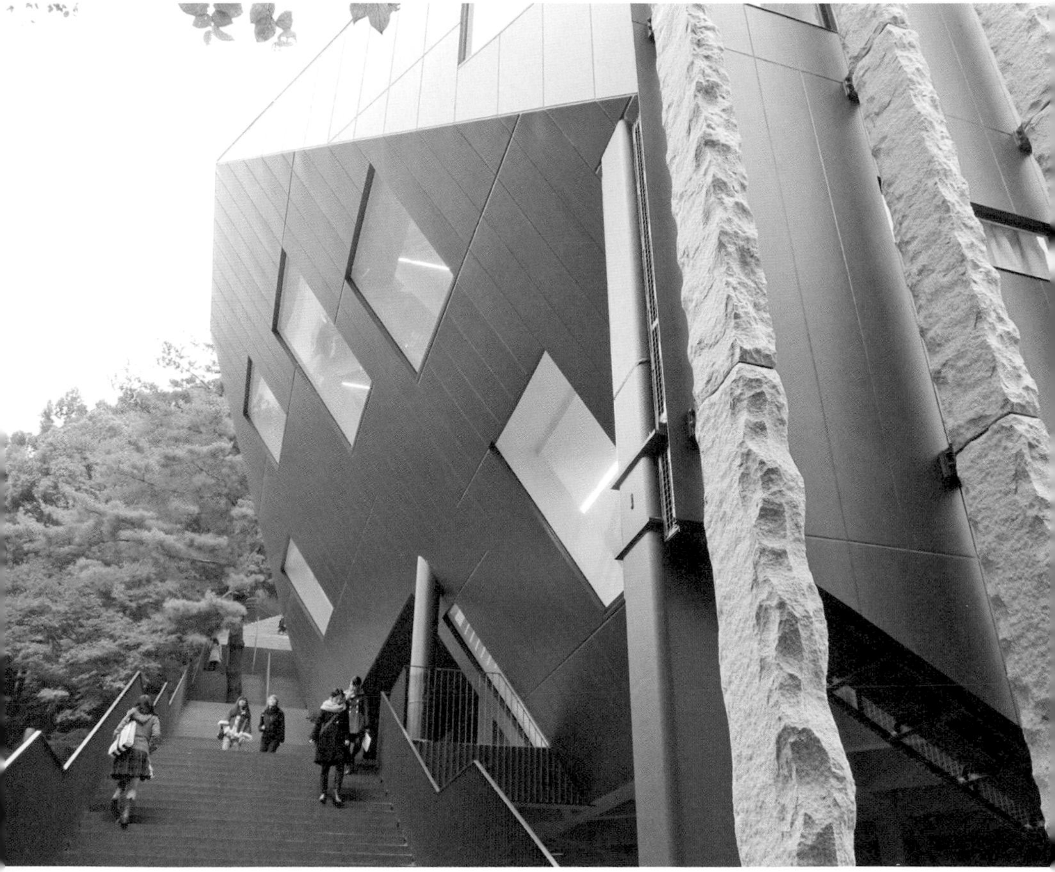

京都造型藝術大學內的巨大機器人，有如東大寺內的巨佛。

有一次我進入學校大廳，赫然望見一尊巨大機器人，三層樓高金光閃閃的機器人，幾乎占據了大廳，差一點頂到天花板，這座高大的機械人是藝術家Kenji Yanobe的作品，之前曾經在水都大阪的藝術季裡，放置在大阪市政廳裡展出，後來被搬到大學裡展示收藏。巨大的雕像放置在建築物內，對京都人應該不陌生，這有如奈良東大寺的大佛一般，巨大的身軀被困在建築物內，只有眼睛部分可以透過窗戶望出去。原本是設計成會噴火的機器人，因為困在建築物內，大概也只能大嘆英雄無用武之地了！

不論如何，京都雖然是一座典雅的古都，但是這座城市畢竟是一座活生生的城市，而不是時代劇裡的古裝場景，這座城市會成長、會生病、會死亡、也會重生，就像京都每年綻開的璀燦櫻花一般，城市變化過程中，出現異型怪胎，是萬物變化過程中的常態。

從長遠的歷史來看，京都建築也在短時間內，接受了中國唐朝文化、佛教文化，甚至西洋文化的影響，至今都成為京都城市美好的部分，有外來文化刺激，終究會內化為京都的文化滋養，成為京都的美好。

十一、科幻的京都

Sci-Fi Architecture in Kyoto

現代的京都建築師，雖然設計建造了許多前衛科幻的新建築，但若是從風水的角度而言，這些建築師卻猶如現代的陰陽師，利用前衛建築繼續陰陽師的職志，捍衛京都的安全與永續。這些科幻建築，再不多時，也將融入文化與景觀裡，成為京都經典的一部分。

現代陰陽師與地球防衛軍基地

過去京都就是一座十分講究風水的城市，整個京都坐擁東山、北山與西山，南邊還有水澤，可謂是符合中國左青龍、右白虎、前朱雀、後玄武的基本風水，可是當年的王公貴族還是很不放心，內心仍然對怨念存在著極大的恐懼，因此陰陽師便趁勢崛起，成為宮廷制式的官員，利用占星、咒術、祭祀等風水玄術理論，幫助當時的權貴保有一些安全感。陰陽師所論述的總總理論，對於當時的京都人而言，其實是十分前衛玄奇的，事實上，對於當年的京都而言，也是一種科幻的想像世界。

現代的京都建築師，雖然設計建造了許多前衛科幻的新建築，但若是從風水的角度而言，這些建築師卻猶如現代的陰陽師，利用前衛建築繼續陰陽師的職志，捍衛京都的安全與永續。

搭乘古城京都的地鐵往北一直到底站，從地底鑽出後，以看見一幢巨建築師大谷幸夫所設計的京都國際會館，充滿「代謝派」時期的科幻想像，以及古代建築的造型意象。

大的建築體橫陳在地表上，有如漫畫家松本零士筆下的宇宙戰艦，這座奇特的建築就是京都國際會館建築。一九九七年世界各國代表在此聚集，開會商討如何防止全球暖化的危機，並簽訂了著名的《京都議訂書》，因此有人就戲稱這座建築的確是「地球防衛軍」的秘密基地。

京都國際會館建造於一九六六年，由日本建築師大谷幸夫所設計，那是一個科幻的年代，人們對於未來世界充滿太空科技的想像，因此試圖利用當時的建築技術——鋼筋混凝土結構，去創造出未來建築的感覺，整棟建築因此像是一艘宇宙航行的巨大船艦。這種設計手法基本上仍然是延續現代建築大師柯比意的理念，從機械船艦得到新建築的靈感，因此不論是丹下健三，亦或是大谷幸夫，他們的混凝土建築都帶有船艦的造型與空間意象，也都喜歡強調落水頭以及承接落水的器皿設計，如果研究柯比意的拉托雷修道院、丹下健三的聖心女中，以及京都國際會館，雖然造型各有不同，但是許多細部精神卻是共通的。

不過從另外一個角度觀察，京都國際會館建築的梁柱結構方式，也試

圖模仿日本古代建築的構造型態，側立面甚至可以看出日本武士頭盔的造型；有人甚至從京都風水來詮釋這座建築的造型意象，他們認為京都的東北角是所謂的「鬼門」所在，而京都國際會館正扮演著封住鬼門的重責大任。整座建築結構從橫切面來看，是正三角形與顛倒三角形的結合，形成一個「六芒星」的形狀，星狀圖長久以來就被認為有鎮邪除魔的功用，京都陰陽師安倍晴明有名的鎮邪圖案就是一個五芒星，如今京都國際會館的六芒星被認為是刻意用來封住鬼門的做法。

走入建築內部，真的有如進入太空船艙之中，下方正三角形部分是國際會館展場部分，倒三角形頂部則是行政辦公空間；光線從上方天窗中反映入內，呈現出一股科幻感的藍光，站在窗邊似乎可以觀覽宇宙星海。

國際會議廳內部更是令人驚豔，猶如星空宇宙般的會議廳天花板，雖然是六〇年代的設計，卻仍然帶著太空科幻感，讓人有如置身《星艦迷航記》裡企業號太空船的駕駛艙大廳一般。在這樣的空間中，討論關於未來地球與宇宙之間關係的課題，真是太適合不過了！

京都國際會館

地址：京都市左京区宝ヶ池（正式住所：京都市左京区岩倉大鷺町422番地）

交通：從京都車站搭京都市營地下鐵烏丸線到「国際会館」下車。

會議的空間情境是很重要的，上個世紀法西斯的年代裡，納粹黨與法西斯政黨很重視會議空間的情境，在大型納粹會議上，簡潔強烈的布置，納粹倒萬字符號旗幟高掛，讓所有群眾整個投入在集體意志的操作上。列寧政黨的會議空間也呈現類似的空間情境，將巨大獨裁者的畫像置於會議廳正前方，所有聚會過程不忘向獨裁者致敬、效忠，呼口號、唱愛國歌曲，是一種空間與情境的洗腦。

我們的會議空間至今仍是十分落伍的，依然停留在威權時代的領袖崇拜氛圍中，還是禮堂、國父遺像、國旗這種死板而封建的設計，你很難想像在這樣法西斯的空間中，如何討論民主與自由？如何在這樣保守閉塞的空間來討論創意與開放的未來？

京都國際會館兼具前衛科幻與傳統精神，可以感受到建築師的用心良苦，如果你有機會進到會館後方的庭園，更會被庭園的氛圍所震撼，類似日式庭園的氛圍、水池、曲橋，卻感覺是外星球的日式庭園，充滿著某種未來感！與其說這座建築是帶有日本精神或傳統，說實話，我比較相信建築師根本是要設計出一座富有前衛科幻精神與陰陽玄術的建築！

不論如何，我前往國際會館中的六〇年代風格的西餐廳用餐，餐廳供應著西式精緻但帶著懷舊意味的套餐；感覺像是在台北的波麗路餐廳，或是明星咖啡館用餐一般，當年時髦摩登的事物，如今變成歷史懷舊的一部分，正如這棟建築當年的前衛與現代，如今留給世人的只是半個世紀前的歷史與幻想。

京都塔的科幻陰陽陣

日本人很喜歡蓋鐵塔，他們將鐵塔視為戰後復興的象徵，所以各大都市都建造鐵塔，京都是很晚才建造鐵塔的城市，因為以前京都早已經有五重塔作為城市的地標，所以後來建造的京都塔，與其他城市的鐵塔不同，呈現出一種全新的面貌。

過去建造的鐵塔，多以法國巴黎艾菲爾鐵塔為範本，基本上就是裸露在太空時代建造的京都塔，與東京鐵塔或大阪通天閣鐵塔完全不同，流線的造型，充滿科幻的想像。

鐵件鋼筋的結構物，是一種非常粗曠簡單的機械美學；不過山田守設計的京都塔則不同，不再是以一根根的鋼梁來組構，而是以一段段的鋼管焊接連結，形成一座巨大的管狀物，上面再放置瞭望台，所以呈現流線平滑的外形，比較接近太空時代的產物，甚至帶有科幻的味道；東京鐵塔、札幌鐵塔這些戰後興建的鐵塔是比較像是機械骷髏，只有骨架，沒有長肉，京都鐵塔則比較像是具有「外骨骼」的甲蟲或螃蟹類生物。

六〇年代其實是個很瘋狂的太空時代（Space Age）。五〇年代末期，蘇俄率先發射人造衛星，震撼了全世界，同時也引發了東西陣營的太空競賽，這股風潮甚至影響了設計流行風潮。法國服裝設計師們推出「Moon Girl」與「Space Age」的系列作品，棱角分明的迷你連身裙，加上誇張的護目鏡與太空頭盔，非常大膽而前衛！太空電影中的人物則大量使用PVC材料，取代作為服裝的布料，再加上手拿塑膠製死光槍，豐富了大家對於未來世界的想像力。

有人就認為整個京都鐵塔造型其實有點類似科幻電影裡的死光槍，

朝向天空放射電磁波，因此有人想像這是一個新京都陰陽道的陣式之一，將來如果在京都五芒星尖端地點都建造發射電波的鐵塔，就可以在京都上空組構成一個電磁波防護罩，阻絕一切邪惡勢力的入侵，這樣的想像當然是十分有趣，但是也符合了京都這座城市不斷地試圖阻擋躲避邪惡勢力入侵的企圖。

過去人搭火車來到京都，看見東寺的五重塔，就知道京都市到了！

現代人搭新幹線來到京都，迎接他的不是五重塔，而是科幻的京

京都塔

地址：京都市下京区烏丸通七条下る東塩小路町721-1
電話：075-361-3215
營業時間：9:00-21:00最終入場20:40
交通：(1)在JR京都車站，可從新幹線中央口前往；或從地下東門口直接前往。(2)可從JR地下東門驗票口，以及京都市營地鐵北門驗票口的地下通道直接抵達。

都塔，以及巨大新穎的京都車站，那些古色古香的京都想像完全破滅，所以有人幫京都塔打圓場，說這座鐵塔其實比較像是日本蠟燭的造型，不過在京都車站的大門口擺上一根巨大日本蠟燭，到底是要做什麼？也引起很多的議論。

關於日本建塔競高的歷史，不單單是在戰後才開始，古老的京都早就是一個建築競技場，成百上千的寺廟都在競爭，希望成為最有權勢威望的寺廟；這種建築上的競爭，最普遍就是關於寺廟屋頂的大小，寺廟的屋頂越大越高聳，象徵著其權勢威望越大，因此才會出現像東本願寺如此巨大壯觀的屋頂，讓古蹟維修人員後來維修起來也費盡工夫。

安藤忠雄在設計本福寺水御堂時，也因為他的寺廟前衛設計，沒有高大的屋頂，與寺廟住持的期望不同，曾經讓廟方不是很滿意，但是他圓形蓮花池屋頂的設計，終究讓大家感受到一種新形態的廟宇建築，顛覆了傳統廟宇大屋頂競爭的思維。

除了寺廟屋頂大小的競爭之外，佛像大小與佛塔的高度，也是競爭

ASAHI SUPER DRY
アサヒスーパードライ
京都タワービアガーデン
KYOTO TOWER HOTEL
迫る
2500万人!

的重點。聞名的東大寺大佛就高達十八公尺，奈良時代的法隆寺佛塔高三十四公尺，平安時代的醍醐寺佛塔將近四十公尺，到了室町時代興福寺佛塔就有五十三公尺高；江戶時代京都東寺的五重塔更將近五十五公尺，可說是當年的摩天大樓高塔。五重塔稱霸京都天際線多年，成為旅人搭火車前來京都，遠遠就看見的標的物，我相信當年我父親前往京都讀書時，也曾經在火車上望見五重塔的身影。

但是一九六四年後，京都鐵塔的建成，改變了京都天際線，同時也宣告京都進入一個新的時代，那是一個追求流線型與速度的年代，那一年剛好是新幹線通車的第一年，子彈造型的新幹線列車與京都鐵塔，確實是有異曲同工之妙。

原廣司與京都車站

關於日本城市的車站，前衛的東京市，車站很古典；古典的京都市，車站卻很前衛，這種反差令人難以想像。事實上，看著流線型的新幹線列車，穿梭來往京都車站，感覺還是滿搭調的！早期的京都車站很普通，甚至是醜陋，目前看到的京都車站，是到上個世紀末才出現的，一九九七年落成的京都車站，由原廣司所設計，當年參加競圖的建築師包括安藤忠雄等建築大師，最後卻由原廣司勝出，取得設計監造權。

原廣司的未來建築

建築師原廣司的建築不拘泥於傳統形式，而是以一種類似未來感的風格呈現，事實上，原廣司研究建築議題十分廣泛，他曾經深入研究非洲聚落建築，在當中體會出許多建築與城市的哲理，出版了《聚落的100則啓示》一書，他甚至對外太空建築充滿興趣，嘗試去設計月球及軌道上的建築，位於大阪梅田的Sky Building就是在他的太空建築想像中，屬於低軌道的建築。

前衛的京都車站內，是巨大的室內廣場空間，漂浮著不明飛行物體般的建築體，讓整個車站有如未來世界。

原廣司也是目前公認是最厲害的巨蛋建築師，他所設計的札幌巨蛋，外形像是巨大太空船降臨地球，閃亮的金屬外殼充滿科幻感，建築細部所使用的元素也是前所未有的形式，也因此他的建築經過多年使用，還是充滿新鮮感。

原廣司所設計的京都車站，一點都不京都！但是經過多年使用，卻仍然亮麗新奇，讓每個來到京都的人，都感受到旅行的愉悅，這座車站可能在這裡持續存在一百年，卻不會叫人感到退流行！

原廣司所設計非常「不京都」的車站建築，他沒有像松山機場或是台北車站一般，搞個巨大的傳統屋頂，反而是以一種充滿未來感的建築姿態呈現。他的作品獲選的理由是從整個城市規劃的想法出發的，原廣司認為京都這樣一座城市，基本上充滿著歷史建築，很難再開發出公共開放空間，因此建築師應該利用這次車站開發的機會，除了建造新車站之外，也為京都市民創造出新的城市廣場。

京都城市廣場

原廣司利用京都車站的開發設計，為京都市民創造出了一個珍貴的都市廣場，彌補了這座城市廣場公共空間的缺乏。歐洲老舊城市居住密度雖然很高，但是每個城市都有公共廣場（Forum）空間的設計，這樣的廣場空間成為都市市民凝聚共識、交流感情，以及交換情報的空間。京都雖然仿效長安城設計，但是在廣場空間上卻十分缺乏，只有寺廟院落與巷弄空間而已，所以每次舉辦市集都是在寺廟庭園中舉行。

原廣司設計的京都車站，除了車站月台站體之外，還結合了飯店、商店街、百貨公司，電影院等設施，是座綜合性的公共建築。最特別的是他設計了半戶外的咖啡座、大階段廣場，以及屋頂花園。所謂的大階段廣場，就是仿造義大利羅馬的西班牙廣場，是以一座大型階梯作為大家可以席地而坐觀賞活動演出的戶外公共空間，這座大階梯讓市民們可以坐在這裡欣賞中午樂團的演出，或是特別節慶活動，都可以利用這裡，可說是一處多元彈性使用的空間。

在京都造一座山

原廣司所設計的京都車站，不僅是一座城市廣場，同時也是一座山，市民每天都來京都車站爬山健身，並且可以從不同的街巷進入車站，然後每天走不同的路徑逛遊，爬上大階段，直上屋頂花園，在屋頂邊做體操、邊眺望整個京都市景。夏日時刻，有時候屋頂還會布置竹林、燈籠，以及納涼席位，讓車站屋頂也成為市民共聚喝啤酒消暑的花園。

有些京都市民將京都車站當作一座山來爬，每天早晨爬階梯到車站屋頂廣場，當作日常健身的活動，這種想法與橫濱大棧橋客船中心的設計概念相同，也是為市民開發出新的活動場所，橫濱市民早晚喜歡去那裡漫步運動，相同地，京都市民也喜歡到京都車站活動健行登山。原廣司等於在京都市區造了一座山，這座山讓所有附近居民多了一處可以活動健身的場所。

我常常去京都車站爬山，從車站中央處搭手扶梯，可以不用爬階梯上升，從不同視角觀看車站內來來去去的民眾，電扶梯上升過程會經過咖啡座、茶屋席，然後來到中間的平台，平台上有時候會有樂團表演或街頭藝人演出，附近也有不同的公共藝術作品可以欣賞，繼續搭電扶梯往上，到達屋頂部分，張望京都的城市景觀，以及遠的山勢。

然後可以走一條空中走道，從車站高空橫越至另一頭，空中走道其實

原廣司所設計的京都車站，不僅是一座城市廣場，同時也是一座山，市民每天都來京都車站爬山健身。

也是一條空中瞭望台，可以看見正對面的京都塔，走過空中走道，從另一頭下來，很快就可以完成一次登山健行的活動。這樣一座車站，的確超乎我們的想像，已經不是過去我們想像的單純車站功能，而是一個屬於公眾的活動場域，充滿各種可能性與豐富性，讓每個來到京都的旅客，都可以驚喜地在這裡得到多元的滿足。

科幻的京都，完全不符合大家對於京都的想像與期待，卻是大家來到京都一定會面對的景象。不過換個角度思考，昔日陰陽師的種種作為，對於當時的人而言，也是一種科幻的想像，如今卻被大家所接受，今天這些科幻建築再不多時，很快地也將融入整個京都文化與景觀裡，成為京都經典的一部分。

十二、記憶的京都

Memory in Kyoto 2000

二〇〇〇

父親在二〇〇八年離開人世，
我延續了他的京都記憶，繼續前往這座城市，
看著同一條鴨川的流水、欣賞同一株櫻花的燦爛，
也呼吸著同一座森林的空氣，
然後譜寫同一張京都的記憶地圖。

喚醒記憶的櫻花

二〇〇〇年初，父親收到京都同志社大學附屬中學的同學會開會邀請函，時間是同年四月初，正是春天櫻花盛開之際。父親卻陷入一種猶豫不決的情緒中，一下子說想去，一下子卻又說不去了，我們也替他緊張，因為京都春天花季的機票、飯店都不好訂，不早一點準備根本沒辦法成行。況且父親也不可能一個人獨自前往，總是要家人們一同前去，路途中也可以有個照應。我們後來就不管了，先把機票飯店訂好，再慢慢來說服他！

好幾個月過去，春天即將來到，父親卻依舊猶豫不決，內心似乎有種情緒上的強烈掙扎，一方面想去看看京都、看看老朋友；一方面卻又近鄉情怯似地，不知道該如何。在家人們的苦口婆心，循循善誘之下，父親在春天來臨之前，終於不再猶豫，決定要前往京都參加同學會。

那天上了飛機，他看起來十分緊張，卻又興奮！不斷地看著窗外飄浮的白雲，眼神若有所思，感覺幾十年的時差，正在慢慢回來。待飛機降落關西機場，昔日京都的記憶即將與現實的京都合為一體。

同學會是一起吃飯，然後所有人一起走到庭園賞櫻。

櫻花基本上就是一種鬧鐘，每年同一時間都會按時綻放，提醒著人們過去的記憶。日本的中小學都會在校門口，種植一棵櫻花樹，而學校入學式、畢業典禮、甚至進入會社等，都是在櫻花開放時節。所以人生重要的時間，都有櫻花的綻放與飄落，讓這些生命中的重要場景，充滿唯美以及一絲絲的哀愁。

每年的櫻花花開，就喚醒人們的記憶，想起過去畢業時的情景，亦或是剛進公司時年輕的自己。父親和他的同學重聚，大家都已經是七、八十歲的老人了！而且班上同學只來了一半，另一半的同學多已仙逝。能夠來參加聚會的同學，有的是從醫院偷跑出來的，也有人是拄著拐杖、推著輪椅而來，父親算起來是狀況不錯的！

你可以想像一個畫面，就是一群老人站在櫻花樹下，遙想著當年的青春歲月，那是一種帶著些許悲涼，卻又幸福的感覺。

每年的櫻花花開，就喚醒人們的記憶。

重返同志社

同學會結束之後，父親帶著我們一起去參觀同志社大學的校園。當年傳教士設計建造的紅磚古典建築依然保存完好，美麗的校園跟半個世紀前，幾乎一模一樣，父親告訴我們，當年他們中學生如何被帶進禮拜堂參加開學典禮，如何在學生食堂用餐，又是在那個美麗的校舍裡上課。

忽然我感覺父親拄著拐

杖的腳步輕快起來，好像吃了回春藥一般，無力的腿似乎整個健壯起來，他快步地在校園中遊走，步伐速度之快，害我們差一點趕不上他！

我感覺他似乎一瞬間，從一個七、八十歲老人，返老還童，變成一個十四歲的青春少年，那個從台灣來到京都的少年！

我們漫步校園，來到哈里斯化學館前合影，然後往校外飛奔而去，我不得不加快腳步跟隨，深怕我可能會跟丟，讓他消失在京都巷弄中。我們來到一座寺廟前的空地，兩邊有高及腰部的石台座，應該是作為以前鐘鼓樓的台基，父親說他們以前都到這裡上軍訓課戶外教學，當年他們會背對著站在石台座前，然後兩手向後方石台座一撐，整個人坐上石台座上。父親當時很想手一撐，坐上台座，但是卻力氣不夠，撐不上去，我趕緊將他抱上石座上。

那一刻，我看見坐在石台座上的父親，臉上露出歡愉的笑容，那是十四歲少年的青春笑容！

之後，父親又快步行走，說要帶我們去他租屋住宿的地方，我們嘴裡

二〇〇〇年，父親帶著母親回到同志社大學校園，在典雅的禮拜堂前合影。

315　記憶的京都 二〇〇〇

說好，心裡卻想，超過半個世紀的老木屋，應該早已朽爛拆毀了吧？！在台北一家咖啡店很少能開超過十年，更何況京都的老木屋，可能早就被都更掉了吧？

我們跟著父親的腳步，匆匆穿過狹小街巷，繞過轉角，竟然發現那棟兩層樓的町屋竟然完好如初地存在著，這樣的結果令我十分驚歎！原來這就是京都，是一座千年不變的古都，所有的老房子、所有的京都記憶，永遠都在巷弄的轉角等待著你，永遠不會叫你失望。

我們看完了宿舍，又轉往附近社區，尋找一處當年他們學生都會去吃飯的食堂餐廳。據說在當年，收音機還是非常稀有的生活用品，因為這家食堂有收音機，學生們都喜歡去用餐，除了去聽收音機之外，另外有一個吸引學生們的賣點，就是老闆的漂亮女兒，日本人將這樣的女生稱作是「看板娘」，就是類似我們台灣的流行的「雞排妹」、「包子妹」這類的正妹，對於正處於青春期的少年而言，或許這也是他們枯燥學生生活裡，每天期待的心靈雞湯?!

我們跟著父親的腳步，
匆匆穿過狹小街巷，繞過轉角，
竟然發現那棟兩層樓的町屋
完好如初地存在著，
京都，是一座千年不變的古都，
所有的老房子、所有的京都記憶，
永遠都在巷弄的轉角等待著你，
永遠不會叫你失望。

我們在狹小巷弄的社區裡繞了許久，就是找不到那家食堂，父親說：「明明就是在這附近，怎麼會找不到？」父母親用日文詢問了附近巷口的老太婆，老太婆說：「是的！這裡原來是一家食堂，但是好幾年前就歇業了。」父母親與老太婆繼續閒聊，我們在旁閒晃，後來我們離開那條街，父親才告訴我，原來那位老太婆就是當年那位「看板娘」女孩！

兩張記憶地圖的重疊

京都就是這樣一座神奇的千年古都，即便半個世紀過去，人都衰老逝去，但是那些古老的建築、美好的事物，卻依然存在。父親從一九三七年以來的記憶地圖，如今並沒有消失太多，很多事物至今仍舊可以在京都尋找得到，我從九〇年代開始去京都旅行，也開始累積我自己的京都記憶地圖，這兩張不同的地圖，在二〇〇〇年的京都家族旅行中，開始重疊在一起。

京都陶板名畫庭園在父親過去的京都記憶地圖裡，是不存在的。

父親帶我去看他的同志社大學校園及附近社區，我也帶著父親去看當年根本還沒有的京都車站、京都府立陶板名畫庭園，我們也一起去了共同擁有的記憶清水寺、產寧坂等地方。我們買了許多父親喜歡的陶器回去，成堆的陶器放在行李箱裡，有如石頭般沉重，我還為此小小抱怨一番！

父親那年回去京都之後，就不曾再回京都去，我卻還是每年如候鳥般，在春天櫻花盛開或秋天紅葉飄落之際，來到京都旅行。父親在二〇〇八年離開人世，我感覺自己繼承了父親的京都記憶地圖，並且在這張地圖上，繼續繪製我的京都記憶。

從二〇一七年暑假開始，我不斷地埋首書寫京都，在夏天兩個月之間，我連續去了兩趟京都，京都像是一位氣質絕佳的戀人，那麼親近又那麼遙遠，每次都以為已經很認識她了，可以每次相處會面後，又覺得她是如此神秘、如此有距離，然後我會繼續前往探索，希望可以真正了解她。

在書寫京都的過程中，我甚至覺得自己是遺傳了父親對京都的愛戀。我的父親在十四歲時就前往京都念書，他的青春期都在這座城市度過，我覺得我是延續了他的京都記憶，繼續前往這座城市，看著同一條鴨川的流水、欣賞同一株櫻花的燦爛，也呼吸著同一座森林的空氣，然後譜寫同一張京都的記憶地圖。

京都真的是一座奇妙的城市，不論你去了幾次，總是會有一種想再回去的衝動，特別是季節的變換之際，京都就會開始在內心招喚著你，猶如一種魔法般，讓你不知不覺回到那座千年之城裡。特別是春天櫻花盛開，亦或是秋日紅葉燦爛時節，我就會像候鳥般，飛向遙遠的京都，投入這座城市的懷抱裡。

這幾年我對這座城市的熱愛，已經超越季節的限制，即使是酷熱的夏日，或是寒冷的嚴冬，都不會阻擋我前往的京都的熱情，甚至我慢慢也愛上了不是旺季的京都，讓我可以更深入了解欣賞京都的美。在這個日漸熟悉的城市裡，我總是能夠找到新的驚喜與樂趣，並且常常重新溫習以前的美好記憶，京都這座城市已經是我內心中「心靈的故鄉」。

我一直覺得父親十四歲就到京都求學，對於一個不大不小的少年而言，面對一座完全陌生的大城市，舉目無親，一定有許多心酸與無助，感覺滿可憐的！但是這幾年我越來越深入了解京都，愛上京都，慢慢覺得人生中，若是有一段時間可以在京都生活，其實是非常美好的！特別是一生中最重要的年少青春期，若是能在京都度過，那將是一輩子都會記得的美好回憶。

我終於確定那位十四歲的台灣少年，在少年時期來到京都，其實是很幸福的！

這也成為寫這本書，我自己內心最大的收穫！

後記

我其實並沒有想過要寫這本書！

我想過要寫東京，也想過要寫大阪，事實上，我早就著手在寫大阪以及東京的城市觀察，但是我從來沒有想過要寫京都。

寫東京很容易，因為我去過太多次，東京有太多有趣的事物可以書寫，也總是有很多新推出的大師級建築；寫大阪也很容易，那座光怪陸離的商業城市，太多稀奇古怪的建築和空間，非常容易譁眾取寵。

京都卻不是這樣，京都對我而言，應該是所有城市都寫完，最後一個才會考慮去書寫的城市。

書寫京都這件事，真的很困難！因為我身旁有太多朋友寫過京都的書，大家都很會寫，也幾乎把京都該寫的事物都寫完了！想要寫出一本觀點不同的京都書，並不是件容易的事；另一方面，京都這座城市，可以說是我內心深處，糾結最久也最複雜的一座城市！

這樣複雜與矛盾的情結，源自於上個世紀三〇年代，我的父親在他還是小小少年的時候，就前往京都求學，他在京都的種種，我完全不清楚，他也很少提及那些久遠的異鄉經驗（我一直想像他的京都少年時期，是充滿心酸、可憐的）；因此那些陌生的、疑惑的，亦或是不解的京都記憶，就像是腦中的腫瘤，可能是良性的，也可能是惡性的，雖然還不至於致命，但是每每壓迫到神經，總是會覺得隱隱作痛。

其實我不去碰觸這段記憶，倒也不會怎樣，有些事情一輩子也不了解，其實也無妨；但是關於京都的種種，卻是無法迴避的夢魘，除非我再也不去京都賞櫻花，除非我再也不去京都看紅葉，或是大家再也不要邀我講關於京都的講座。

二〇一七年五月中旬，時報文化的總編輯曾文娟找我談出書的事，因為之前日本美食作家柏井壽在台灣出版《一個人的京都春季遊》，新書推廣的演講就是邀請我來談京都旅行，文娟覺得我也可以寫京都的書，當下我其實很猶豫，我不想把自己逼到一個極端，我害怕可能會寫不下去，可能會被困在某一個絕境裡，然後永遠就走不出來？

可是另一方面，我卻是躍躍欲試的，我的內心有股衝動，想要好好的將這些疑團解開，好好地梳理一番，如果沒有找到答案，至少我也算是努力過，總算可以給自己一個交代，或是找到一種自己可以接受的說法。

所以我在那個帶有京都風情的素晴屋梅酒店裡，竟然被她說服，決定來書寫一本關於京都的書，並且決定秋天交稿，年底或隔年初出書。接下來的夏天，我根本沒有時間寫書，我因公、因私去了一趟德國、荷蘭與冰島，去了三趟日本，其中也去了京都兩次。原本希望帶著筆電，在旅行途中可以寫稿，事實上，根本不是這樣。寫一本書需要非常專注，才能把文字梳理出來，旅途中的混亂與匆忙，其實是寫不出文章的，更何況是我自己都沒有把握寫的書！

真正靜下心來寫書，應該已經是九月中旬了！好像電影《藥命效應》

的主角吃了聰明藥一般，我開始可以讓腦海中的京都記憶，清楚流暢地書寫出來，然後關於京都這本書的綱要，就像迷霧散去般，越來越清晰浮現！我每天專注地在Kiosk咖啡館寫稿，讓一篇篇的文字有如印表機列印出來一般呈現。

然後在九月下旬，我又收到出版社邀請，為柏井壽新書《一個人的京都秋季遊》宣傳演講，演講活動原本在青鳥書店舉辦，大概最多只能容納五、六十人，但是演講前幾天，網路報名人數突然暴增至三、四百人，以致於青鳥書店的創辦人蔡瑞珊必須臨時幫忙找更大的場地，最後終於在華山的幫忙下，演講換到一樓大倉庫空間。當天晚上，會場擠進近三百人，或坐或站，擁擠全場，聽完整場的京都演講，讓人十分感動！有人說：這情景根本像是民國初年的演講活動。

關於京都的寫作、演講都出奇地順利，我終於在十月國慶假期裡，完成了這本書的書寫。更重要的是，這本書的書寫對我而言，也是一種療癒，一種心靈的解藥。我很開心寫這本書，也很高興在寫作最後，我對心中的疑惑困頓有了一種釋懷，那張從父親時代就書寫的京都記憶地圖，終於可以完整的拼湊完整。

這本書的完成，最要感謝文娟與珊珊，若不是文娟的鼓勵和說服，我不會在今年寫這本書（至少在這幾年都不會著手寫京都）；因為珊珊也準備在今年底出書，所以我們三人有一個特別的群組「寫作進行式」，原本群組是要讓總編督促我們寫稿用的，可是我們幾乎都是屬於自律性很強的好學生，根本用不著總編催促；甚至我和珊珊之間，有一種競爭的心情，彼此爭取超前的地位（不過最後當然是珊珊先完成，我一路上只是苦苦追趕），這樣的寫作團體具有一種彼此激勵的作用，是一種很特別的經驗。

寫作畢竟是一種孤獨的事業，但是閱讀卻讓人不會寂寞。

盼望這本書讓你在閱讀時，或是去京都旅行時，都可以為你帶來內心的滿足與美感的啓發。

作家作品集79

美感京都：李清志的京都美學

作　者—李清志
全書照片攝影—李清志
主　編—李麗玲
責任企劃—金多誠
封面暨內頁設計—林秦華

總 編 輯—曾文娟
董 事 長—趙政岷
出 版 者—時報文化出版企業股份有限公司
一〇八〇一九台北市和平西路三段二四〇號三樓
發行專線—（〇二）二三〇六—六八四二
讀者服務專線—〇八〇〇—二三一—七〇五
（〇二）二三〇四—七一〇三
讀者服務傳真—（〇二）二三〇四—六八五八
郵撥—一九三四四七二四時報文化出版公司
信箱—一〇八九九臺北華江橋郵局第九九信箱

時報悅讀網—http://www.readingtimes.com.tw
時報出版愛讀者—http://www.facebook.com/readingtimes.fans
法律顧問—理律法律事務所　陳長文律師、李念祖律師
印　刷—和楹印刷股份有限公司
初版一刷—二〇一八年一月五日
初版六刷—二〇二四年三月十四日
定　價—新台幣四二〇元
（缺頁或破損的書，請寄回更換）

時報文化出版公司成立於一九七五年，
一九九九年股票上櫃公開發行，二〇〇八年脫離中時集團非屬旺中，
以「尊重智慧與創意的文化事業」為信念。

美感京都：李清志的京都美學 / 李清志著. -- 初版
. -- 臺北市：時報文化, 2018.1
面；　公分. --（作家作品集；79）
ISBN 978-957-13-7250-1（平裝）

1.旅遊文學 2.日本京都市

731.75219　　106022923

ISBN 978-957-13-7250-1
Printed in Taiwan